昭和「憲法」の綻び

最高法規性の空洞化・形骸化

髙久泰文
Takaku Yasubumi

中央公論事業出版

はじめに

憲法以外の法律、命令、規則等その他一切の法規は、憲法の規定に違反する場合にはその効力を失う（無効となる）のです。これは、言い換えれば、憲法は、憲法以外の法律、命令等の一切の法規を統制する権能を持つということなのです。このことから、憲法は「法令を統制する法規」であり、「法令を統制する規範」であると言えるのです。

そしてまた、国家及び地方公共団体の機関の処分、措置、行為が憲法の規定に違反することがあれば、その処分、措置、行為は無効とされるのです。このことから、憲法は「国務統制法規」であり、「国務統制規範」であると言えるのです。かくして「憲法が最高法規である」と言われることの本質的、実質的意義は、憲法が「法令統制規範」であり、また「国務統制規範」であると言うことなのです。

次に、もう少し詳しく申しますと、前述のように憲法が「法令統制規範」であることから、法律、命令、規則等が憲法の定めに違反するときは、憲法は、それら法律、命令等の効力を失わせる（無効とする）権限を有するのであり、このことを、憲法の「法令統制機能」と言うことができます。

また、前述のように憲法は「国務統制規範」であることから、国家及び地方公共団体の機関の処分、措置、行為が憲法に違反するときは、憲法はその国及び地方公共団体の処分、措置、行為の効力を失わせる（無効とする）権限を有するのであり、このことを、憲法の「国務統制機能」と言うことができます。

以上のことをまとめて、憲法は、法令統制「規範」であることから法令統制「機能」を有し、また、憲法は、国務統制「規範」であることから国務統制「機能」を有するのです。これらがあいまってこそ、「憲法は最高法規である」と言われることの本質的、実質的な意味なのです。

このようにして、最高法規としての憲法の「法令統制規範」は「法令統制機能」を、「国務統制規範」は「国務統制機能」を各々有するものですから、憲法に「国民の権利及び自由」を守るための諸規定（基本的人権の保障規定）を明確に具体的に規定することにより、国家権力その他の統治権力から「国民の権利及び自由」が守られることになるのです。なぜならば、「国民の権利及び自由」を抑圧する事柄を規定した法律その他の法規が制定されれば（そのような法律に基づいて「国民の権利及び自由」が抑圧されますから）、そのような法律その他の法規は憲法違反として効力を失う（無効となる）からです。

このことは、また、国家機関である「国会」は、「国民の権利及び自由」を抑圧する内容の法律を制定することができないと言うことになります。また、「内閣」も、「国民の権利及び自由」を抑圧する内容の政令、省令等の法規を制定することはできないことになります。さらには、「国民の権利及び自由」を侵害するような国の機関の処分、措置、行為も同様に憲法違反として、その処分、措置、行為の効力は無効とされるのです。このことは国と同様の統治団体である地方公共団体についても同様であり、地方公共団体の議会は、憲法に違反する都道府県条例や市町村条例を制定することはできないし、地方公共団体の長（都道府県知事、市町村長）は、住民の「権利及び自由」を抑圧することとなるような処分、措置、行為を住民に対してすることはできないと言うことになるわけです。

このことは、憲法よりも下位（形式的効力の劣位）の「法律」、「政令」その他の法規、つまり、「憲法」以外のすべての法規は「憲法に定められていること」に違反する規定内容であってはならないのであり、従って、例えば、憲法以外の法規は、憲法に定める「国民の権利及び自由」を侵害するような内容を定めることは許されません。また、地方公共団体の議会は憲法違反の条例を制定することは許されませんし、そのような条例が仮に制定されたとしても無効とされます。これが、憲法が「法令統制規範」であることから、法令統制「機能」を有すると言うことなのです。また、憲法が「国務統制規範」であることから、国及び地方公共団体は、憲法の定める「国民の権利及び自由」を侵害する処分、措置、行為をすることは許されません。これが、憲法が「国務統制規範」であることから、国務統制「機能」を有すると言うことなのです。

かくして、憲法は、「法令統制規範」であることから「法令統制機能」を有し、また「国務統制規範」であることから「国務統制機能」を有するのであり、このことが憲法が「最高法規」であることの本質的、実質的な意義なのです。

ところが、日本国憲法の「法令統制規範（の有する「法令統制機能」）」及び「国務統制規範（の有する「国務統制機能」）」が明らかに弛緩、麻痺、機能不全を来していると言うのが現在の実態なのであります。しかし、この点については、これまでに憲法改正の是非をめぐる論議が喧しいことの割には、なぜか正面から問題とされることはなく、あるいは、なおざりにされ、あるいは、全く無視されているのが、実態なのであります。

さらに言うならば、以上のような憲法の「最高法規性（法令統制規範及び国務統制規範）」の「機能不全の状態」は、昨今のことではなく、既に、日本国憲法施行の当初から見受けられていた現象なのであり、それが年月を経るに従って抜き差しならぬ事態にまで至っていると言うのが現実なのであり、そのような「憲法の最高法規性の機能不全」は、言わば慢性化し、見慣れた現象として格別の関心を惹起するには至らないのかとも思われるのです。

しかし、憲法の、最高法規としての「法令統制規範」及び「国務統制規範」の機能不全、機能麻痺、機能弛緩ということは、それがひいては憲法よりも形式的効力の劣る法規である「法律」、「政令」、「内閣府令」、「省令」、「行政委員会規則」等が、憲法の各条項によって制御され、統制されることなく「国民の権利及び自由」を侵害し得る途を開くことになるのであり、このことは、言い換えれば「日本国憲法の最高法規性」が破綻の危機に向かっているということなのです。

このような憲法の最高法規としての「法令統制規範」の「法令統制機能」及び「国務統制規範」の「国務統制機能」の弛緩、麻痺、機能不全は、具体的には日本国憲法全百三箇条の、どのような箇所について、どのような法的事実として、どの程度にまで顕在化しているのか、そしてまた、これらは日本国憲法が一般に言われているように「現実乖離している」ことの他にも、どのような原因に由来するものなのか、これから、その探求、検証の結果を御高覧に供したいと思います。

昭和「憲法」の綻び◆目次

第五分類　最高法規性に相応しくない条文規定……155

総論

先ず、日本国憲法全百三箇条中、憲法の「法令統制規範」としての法令統制機能及び「国務統制規範」としての国務統制機能が、弛緩、麻痺、機能低下、機能不全を来している点を、その主たる原因に基づいて次のように分類することができると思います。

第一分類　憲法の現実乖離的条文規定と最高法規性

憲法の若干の条文規定は、今日の国家社会の実態から遊離し、乖離しており、そのような憲法の条文規定により統制される法律、政令等の法規では今日の国家、社会を適切、合理的に規律することは困難であり、このため幾つかの法律、政令等は「憲法の若干の条文規定の統制」を逸脱しているのです。つまり、「違憲無効な法令」なのです。しかし、これらの違憲無効とされる法令を廃止してしまっては今日の国家、社会は一日たりとも立ち行かなくなるのです。従って、これらの違憲無効な法令は廃止されずに適用されております。と言うよりも「違憲ではありながらも適用」しなければならないのです。しかし、そうなると問題は、本来は違憲無効の法令、つまり「憲法の若干の条文規定に違反した法令等に対しては、その違反された憲法の若干の条文規定」は、これらの「違反した法令等」に対しては、憲法の最高法規としての「法令統制規範」が機能していない、法令統制機能が低下し、弛緩し、麻痺している条文規定ということになるわけなのです。この点については、次の憲法の条文にその実例を見ることができます。

①第二十五条第二項・公衆衛生だけでなく環境保全にも配慮すべき
②第二十七条第三項・児童酷使よりも児童虐待に配慮すべき
③第三十一条・犯罪者の人権には手厚く、犯罪被害者の人権には冷淡かつ無関心
④第三十三条・緊急逮捕は、なぜ逮捕状は逮捕後でもよいのか
⑤第三十八条第一項・黙秘権の保障と自動車事故の報告義務とは両立せず

第二分類　憲法の規定内容の非現実性がもたらす遵法精神の低下と最高法規性

憲法の若干の条文の定める内容は、非現実的であり、そのような憲法の条文規定の統制に服すべき法令等の適用を受けるのでは現実の国家、社会は立ち行かないことから、「憲法の若干の非現実的条文規定の統制を逸脱した法令（つまり、違憲無効の法令等）」の方が今日の国家社会を適切、合理的に規律するものとして有効に適用されているのです。これは、結果的には問題はないのですが、しかし、そうなると本来ならば違憲無効として廃止されるべき法令等が有効に適用されている

わけですから、このような事態を放任することは、それらの非現実的な憲法の条文自体には、「最高法規」としての「法令統制規範」が機能していないと言うことになるのです。

憲法の条文が非現実的規定内容のために、「法令統制規範」が機能不全を来している憲法の条文としては、次の三箇条が挙げられます。

①第八条・本条に違反する法律により皇室の経済生活の不便さを緩和している

②第八十九条・本条に違反する法律で私立学校への遠回りした公金の給付をしている

③第九十五条・本条は六十六年余適用されたことがない死文化した規定か

第三分類　実定法を超越した理念理想的内容の憲法条文規定と最高法規性

憲法もその他の法規と同様に現実の国家、社会を合理的に規律する法規範なのですから、単なる理念、理想を規定したものであってはならないのです。なぜならば、そのような理念、理想を規定した憲法の条文規定によって統制された法令等によっては現実の国家、社会はやはり一日たりとも立ち行かないのです。従って、専ら理念、理想を規定した憲法の条文規定には統制されない法令等、と言うことは、つまり、違憲無効とされる法令等であり、それが現在、制定され適用されております。本来ならば憲法違反で、無効とされ、廃止されるはずのものなのですが、それが有効に適用されるのは、違憲無効であるはずの法令等の方が今日の国家、社会を適切、かつ、合理的に規律するものであるからなのです。

ところが、理念、理想を規定している憲法の条文規定は、違憲無効でありながら廃止されずに有効に適用されている法令等の存在が放任されていると言うことは、前述のような理想、理念を規定した憲法の条文は「最高法規」としての「法令統制規範」が機能していないと言うことです。このような理想、理念を定めている憲法の条文は次の三箇条です。

①第九条・戦争放棄と自衛権行使とは、その究極において両立しない

②第七十九条第二項・十年後に二度目の国民審査を行う間延びした無意味な制度

③第八十六条・単年度制予算の欠点を繕う暫定予算・継続費、繕うことの不可能な「予算の空白」の存在

第四分類　憲法の条文規定の拙劣さと最高法規性

憲法の若干の条文規定は、立法者の法律用語の理解不足や、表現の拙劣さに由来するものがあり、このような憲法の条文規定に統制される法令等が適用されるならば、現実の国家、社会は一日たりとも立ち行かないことになりますから、そのような拙劣な憲法の条文規定に統制されない法令等が制定され、適用されています。しかし、拙劣な条文規定であっても憲法の条文規定である以上は、その統制に服しない法令等は違憲無効で廃止しなければならないのですが、前述の理由から廃

止されずに適用されています。従って、これらの廃止されない法令等に対しては「拙劣な憲法の条文規定」は、最高法規としての「法令統制規範」が機能していないわけです。憲法の「拙劣な条文規定」を次に掲げます。

①第十四条第三項前段・文化功労者は栄誉・勲章・栄典ではないのか
②第四十条・「泥棒に追い銭」を認めるような条文規定
③第六十七条第一項後段・「他のすべての案件」とは何なのか
④第七十四条・法律はすべて内閣が所管するとの錯覚に基づく条文規定
⑤第七十七条第一項・最高裁判所規則と法律の優越関係は如何
⑥第八十七条・立法府、司法府の予算の予備費はどこに定められているのか

第五分類　最高法規性に相応しくない条文規定

憲法の全文百三箇条の中の若干の条文規定にはその規定内容からして、法令等を統制することはないものも存在しており、さらには、最高法規としての憲法の条文規定としては不適切と思われるものも散見されます。そのような不都合な条文の存在自体が、最高法規たる憲法に対する国民の規範意識、遵法精神を失わせるおそれがあります。

そのような問題の憲法の条文規定及びその箇所を挙げると、次のようになります。

①前文第一段落・「これに反する一切の憲法」とは何を意味するのか
②第十一条、第十二条及び第十三条・これら三箇条は憲法前文に置くべき
③第三十四条・抑留と拘禁との差異とは
④第三十五条・有体物の捜索押収と無体物の捜索押収とは別物
⑤第三十六条・残虐な刑罰とは何か
⑥第三十九条・事後法の禁止、二重の危険（処罰）を同じ条文に規定した拙劣な例
⑦第四十一条・国権の最高機関である国会と三権分立の関係
⑧第五十四条・参議院の緊急集会の「緊急」の意味するものとは
⑨第六十六条第二項・文民条項は経過規定であり、補則に置くべき
⑩第六十六条第三項と第六十八条第二項・内閣総理大臣の国務大臣罷免権と内閣の連帯責任
⑪第七十五条・内閣総理大臣の訴追の制限を明記すべき
⑫第七十七条第二項・検察官以外の裁判の当事者の最高裁判所規則遵守義務はないのか
⑬第八十一条・最高裁判所は自ら制定した最高裁判所規則の憲法適合性を審査することができるのか
⑭第八十二条第二項・本条本項ただし書きの意味するものとは
⑮第九十三条・町村総会は憲法第九十三条の定める議会なのか
⑯第九十七条・法文は、事実の記載や物事の説明書きではない

⑰第九十八条・憲法と条約との優劣関係が不明

⑱第九十九条・国事行為の臨時代行を行う者並びに地方公務員及び国民の憲法尊重擁護義務も明文化すべき

以上が、総論であり、これに次いで、総論中に掲げた「第一分類から第五分類まで」の各項目について、具体的により詳しく述べることに致します。

各論

第一分類　憲法の現実乖離的規定と最高法規性

①第二十五条第二項・公衆衛生だけでなく環境保全にも配慮すべき

憲法第二十五条第二項は「国は、すべての生活部面について、社会福祉、社会保障及び公衆衛生の向上及び増進に努めなければならない。」と定めています。ここで「公衆衛生の向上及び増進に努めなければならない。」に関しては、日本国憲法施行以来今日に至るまで、我が国の「公衆衛生の向上及び増進」はまことに目を見張るものがあり、世界の「衛生大国」とも言うべき国家となったことは紛れもない事実です。そこで、このような余りにも衛生状態の良い生活環境の中にあるためか、日本国民が他国に旅行すると、当地の住民や、当地の（日本人以外の）外国人旅行者には何らの身体に異常がないのに、日本人旅行者に限ってある種の「感染症」に罹る事例をよく聞きます。勿論、このように我が国を衛生大国ならしめたことには政治面、行政面から、また、官民共々の非常な努力の成果であり、その根本には憲法第二十五条第二項の果たした役割が極めて大きいと思います。

しかし、このような「公衆衛生の向上及び増進に努めなければならない」とは、要するに感染症（当時は「伝染病」）の原因たる「細菌」の撲滅、繁殖の防止抑制であり、それは主に「抗生物質」等「化学薬品」の開発及び活用であり、その成果は絶大であったことは言うまでもありません。しかし、一方では、「経済的繁栄の追求」が「化学物質」等の濫用をもたらし、それは、日本国だけに止まらず、全世界、全地球的規模での大規模かつ深刻な公害、環境汚染を招来し、その事態は益々悪化の一途を辿っているのです。

この点、七十年余の昔に制定された現行憲法は、当然のことながら、制定当時においては今日のような経済発展も、車社会も、従って、環境汚染も全く想定し得なかったわけであって、唯一、衛生状態の劣悪さだけが当時の問題であったことから、伝染病（感染症）の撲滅、蔓延防止だけが日本国憲法の立法者の念頭にあったのだと思われます。

しかし、今日の我が国家、社会の実態が憲法制定当時のそれとは格段に異なっている以上、いつまでも「公衆衛生の向上及び増進に努めなければならない」と言うことだけでは、我が国家、社会は立ち行かないのです。七十年余の昔に憲法に定められた「公衆衛生の向上及び増進」を否定するものではないのですが、「環境権」、「環境保全義務」についてこそ、正に憲法に規定されて然るべきではないでしょうか。

憲法は「環境権」及び「環境保全義務」に関して、何ら明文の規定はありませんが、法律においては、公害の被害が顕著になり始めた当時から、「建築物用地下水の採取の規制に関する法律」、

「環境事業団法」[1]が制定されており、さらに、「公害対策基本法」[2]が制定されるに至りました。この公害対策基本法の制定後の、いわゆる「公害立法」、その後の「環境保全立法」と総称される一群の法令の制定件数は年々増加の一途を辿り、今日にまで至っております。それら「環境保全立法」を制定順に列挙すると次のようです。

公共用飛行場周辺における航空機騒音による障害の防止等に関する法律、大気汚染防止法、騒音規制法、公害紛争処理法、公害防止事業費事業者負担法、海洋汚染防止及び海上災害の防止に関する法律、廃棄物の処理及び清掃に関する法律、水質汚濁防止法、農用地の土壌の汚染防止に関する法律、人の健康に係る公害犯罪の処罰に関する法律、公害の防止に関する事業に係る国の財政上の特別措置に関する法律、悪臭防止法、特定工場における公害防止組織の整備に関する法律、公害等調整委員会設置法、自然環境保全法、金属鉱業等鉱害対策特別措置法、瀬戸内海環境保全特別措置法、公害健康被害の補償等に関する法律、化学物質の審査及び製造等の規制に関する法律、防衛施設周辺の生活環境の整備等に関する法律、船舶油濁損害賠償補償法、振動規制法、特定空港周辺航空機騒音対策特別措置法、水俣病の認定業務の促進に関する臨時措置法、エネルギー使用の合理化に関する法律、広域臨海環境整備センター法、浄化槽法、湖沼水質保全特別措置法、特定物質の規制等によるオゾン層の保護に関する法律、スパイクタイヤ粉じんの発生の防止に関する法律、自動車から排出される窒素酸化物及び粒子状物質の特定地域における総量の削減等に関する特別措置法、絶滅のおそれのある野生動植物の種の保存に関する法律、環境基本法、水道原水水質保全事業の実施の促進に関する法律、容器包装に係る分別収集及び再商品化の促進等に関する法律、環境影響評価法、特定家庭用機器再商品化法、地球温暖化対策の推進に関する法律、特定化学物質の環境への排出量の把握等及び管理の改善の促進に関する法律、ダイオキシン類対策特別措置法、資源の有効な利用の促進に関する法律、環境型社会形成推進基本法、食品循環資源の再利用等の促進に関する法律、特定製品に係るフロン類の回収及び破壊の実施の確保等に関する法律、ポリ塩化ビフェニル廃棄物の適正な処理の推進に関する特別措置法、土壌汚染対策法、使用済自動車の再資源化に関する法律、有明海及び八代海を再生するための特別措置に関する法律、独立行政法人環境再生保全機構法、日本環境安全事業株式会社法、石綿による健康被害の救済に関する法律等、枚挙にいとまがないのですが、これら「環境保全立法」は今後もさらに増加する傾向にあります。

繰り返しますが、これらの環境保全立法の憲法上の根拠については、明文の規定は存在しないのであり、現行憲法の制定された七十年余の昔に現在のような地球的規模における生活環境、自然環境の悪化などということは想像もつかない事柄であったからです。ところで、これら環境保全立法が憲法上には明文の根拠が絶無であるとしても、憲法第十三条及び第二十五条の解釈から「環境保全立法」の憲法上の存在を根拠付けることができるとの主張が一部にはあります。しかしこれは、かなり便宜的な憲法解釈であり、これ程までに全世界的な懸案事項であり、「基本的人権の保障」にも重大な影響を有する事項について憲法にその根拠規定が無いことは大いに問題であると思います。

この点、一九八二年制定の中華人民共和国憲法は、第二十六条第一項で「環境管理」として「国家は、生活環境と生態環境を保護・改善し、汚染その他の公害を防止する。」と定めています。[3] また、一九八七年制定の大韓民国憲法は、第三十五条で「環境権」について、「すべて国民は、健康でかつ快適な環境の下で生活する権利を有し、国家及び国民は、環境保全のために努めなければならない。」（第一項）、「環境権の内容及び行使に関しては、法律でこれを定める。」（第二項）と定めています。[4]

また、憲法改正試案でも、平成十六年（二〇〇四年）に読売新聞に掲載された「２００４年読売新聞社憲法改正案」（以下「読売憲法改正案」と略す。）第三十条は「環境権」という条文の「見出し」でもって「何人も、良好な環境を享受する権利を有し、その保全に努める義務を有する。」（第一項）、「国は、良好な環境の保全に努めなければならない。」（第二項）、と定め、平成二十五年（二〇一三年）十月発行の「自由民主党憲法改正推進本部」の『日本国憲法改正草案Ｑ＆Ａ増補版』（以下「自民党改憲草案」と略す。）第二十五条の二は「環境保全の責務」という条文の「見出し」で「国は、国民と協力して、国民が良好な環境の恵沢を享受することができるようにその保全に努めなければならない。」と定めています。さらに、創憲会議編の『新憲法草案』第四十四条は「環境権」という条文の「見出し」で「何人も、良好な環境を享受する権利を有し、その保全に努める義務を負う。」（第一項）、「国は、良好な環境を保全するための施策の実施に努めなければならない。」（第二項）、「第一項の権利は、これを具体化する法律の規定に従ってのみ、裁判所にその救済を求めることができる。」（第三項）と定めています。

しかしながら、前述のように、「環境権」については、憲法上に具体的かつ明確な明文の規定がないことから、環境保全に関する諸立法に対する憲法の最高法規としての「法令統制規範」は十分には機能しないのです。なぜならば、憲法は、「環境保全」に関してはどのような理念ないしは原理原則を有するものなのかが明白ではないからであります。また、仮に前述のように、環境保全立法についての根拠を、解釈上、第二十五条と第十三条に求めることができるとしても、この両規定とも「環境保全」に関する何ら明確な「意義内容、国及び地方公共団体の指針、施策、国民の義務」を定めているわけではないからです。

注

（1）これらの環境立法は、「公害対策基本法」よりも前に制定されています。

（2）「公害対策基本法」は後に「環境基本法（平成五年法律第九十一号）」へと発展的解消をしました。このため、環境基本法附則第一条においては「公害対策基本法（昭和四十二年法律第百三十二号）は、廃止する。」と定めています。

（3）阿部照哉・畑博行編『世界の憲法集』（第四版）有信堂高文社、二百四十九頁

（4）前掲書、二百二十九頁

②第二十七条第三項・児童酷使よりも児童虐待に配慮すべき

憲法第二十七条第三項は「児童は、これを酷使してはならない。」と定めています。この規定は、かっての我が国の産業構造を反映したものであり、今から七十年余の昔の憲法制定当時の、我が国の産業構造が農業を始めとする第一次産業が相当部分を占めていた時代に相応しい憲法の規定であったと言えます。さらに言えば、産業革命の初期の労働事情にも見られるところの、児童、年少者の労働力が「補充労働力」として最大限度に駆使された国家、社会においては、一方では、このような「酷使される児童の保護」の必要性があったことは明白な歴史的事実でした。

ところで、このような歴史を引きずって現行日本国憲法が制定されたのですが、それから七十年余を経た現在において、「児童」が、あるいは「年少者」が補充労働力として動員され、酷使されている実態が日本国の何処に存在すると言うのでしょうか。極めて特殊な事情の下にそのようなことが起こり得るかとも考えられますが、今日の一般的な社会現象としての「児童酷使」の事実を見出すことはできません。従って、第二十七条第三項は「憲法の最高法規性」の発現としての「法令統制規範」ないしは「国務統制規範」が機能する余地はないのです。

もっとも、憲法第二十七条第三項のような規定の存在を敢えて否定はしないとしても、このような規定を置くよりも、今日、非常に深刻な社会問題として毎日のように起きている、と言うよりも最早常態化している「社会的弱者に対する虐待」について、国家及び社会はもとより、立法者も重大な関心を持つべきなのであります。

既に「法律」の次元では、このような深刻な事態に対処すべく、「児童虐待の防止等に関する法律」や「高齢者虐待の防止、高齢者の看護者に対する支援等に関する法律」が制定されているのです[1]。そうであれば、「最高法規」である憲法には、これらの法律に対する「憲法上の根拠規定」が設けられると同時に、これらの法律に対する「法令統制規範」としての機能を発揮させる必要があると思います。そのためには、憲法第二十七条に「社会的弱者に対する虐待防止」のための次のような一項を設けるべきなのです。

4 何人も、乳幼児、幼児、児童、年少者、身体障害者、精神障害者、老齢者その他の社会的弱者を虐待してはならない。

注

(1) ちなみに、毎年十一月は、「児童虐待防止推進月間」とされています。

③第三十一条・犯罪者の人権には手厚く、犯罪被害者の人権には冷淡かつ無関心

憲法第三十一条は「法定手続きの保障」について定めており、第三十一条から第四十条にかけての十箇条は主として犯罪人が逮捕されてから刑事裁判の判決確定に至るまでの過程におけるこれらの定めは、その犯罪人（被疑者及び被告人）の「身体の自由」を可能な限り保護するためのものであり、「国民の権利及び義務」（つまり、「基本的人権」）を規定した「第三章」に置かれている三十一箇条のうちの約三分の一を、被疑者及び被告人の「身体の自由」に係る条文が占めていることになります。この点から、日本国憲法は「刑事訴訟憲法」などと揶揄される所以なのです。確かに、国民の「基本的人権」の保障の中で、特に、刑事事件の被疑者及び被告人の人権の保障に万全を期すことは「近代憲法」の顕著な特色であったわけです。ところが、その近代憲法では、「被疑者及び被告人の人権保護」に熱心な余り、と言うか、そこに関心が集中してしまった結果、その一方では「刑事事件の被害者の人権」、さらに言えば被害者の遺族、家族の人権が全く置き去りにされてしまっており、この点もまた近代憲法の特色（欠陥）なのです。日本国憲法もその例に漏れません。特に、憲法第四十条は刑事被告人に対する「刑事補償」を定めていますが、刑事事件の「被害者の救済」については、憲法は全く無関心、冷淡なのです。このような不公正、不均衡な憲法に対して、「法律」の次元では、次に列挙するような「犯罪被害者等の救済のための立法措置」が講じられていることには注目すべきです。

・犯罪被害者等給付金の支給等による犯罪被害者等の支援に関する法律
・犯罪被害者等の権利利益の保護を図るための刑事手続きに付随する措置に関する法律
・犯罪被害者等基本法
・オウム真理教犯罪被害者等を救済するための給付金の支給に関する法律

なお、国民が純粋な私人としてではなく一種の公務的な活動に起因して犯罪の被害者となった場合には、その損害を補償するために、「警察官の職務に協力援助した者の災害給付に関する法律」、「海上保安官に協力援助した者等の災害給付に関する法律」及び「証人等の被害についての給付に関する法律」(1)の三件の立法がなされており、これらの「損害補償」については、「国家公務員災害補償法」、「地方公務員災害補償法」に準じた補償が定められています。

ところが、このような犯罪被害者の救済制度については、憲法には何ら具体的な明文の規定がないことから、「犯罪被害者等の救済のための立法」に対する憲法の最高法規性の発現としての「法令統制規範」が機能する余地は極めて限られているのです。

この点、創憲会議編「新憲法草案」では、次のように「犯罪被害者等に対する救済立法」についての憲法上の根拠規定を設けています。

(犯罪被害者の救済)

第二十八条　重大な犯罪の被害者およびその遺族は、法律の定めるところにより、国家から救済を受けることができる。

また、読売憲法改正案も、犯罪被害者等の人権について次のような規定を設けています。

(犯罪被害者の権利)

第四十七条　生命又は身体を害する犯罪行為による被害者又はその遺族は、法律の定めるところにより、国の救済を受けることができる。

2　生命又は身体を害する犯罪行為による被害者又はその遺族は、法律の定めるところにより、当該事件の処理と結果について司法機関から説明を受け、裁判に際して意見を述べることができる。

また、産経新聞社著『国民の憲法』第五十一条第二項は、「犯罪被害者等の権利」について次のように規定しています。

2　犯罪被害者およびその遺族は、法律の定めるところにより、国の救済を受けることができる。

また、自民党改憲草案も、犯罪被害者等の人権について次のように定めています。

（犯罪被害者等への配慮）

第二十五条の四　国は、犯罪被害者及びその家族の人権及びその処遇に配慮しなければならない。

ちなみに、右の自民党改憲草案は「犯罪被害者及びその家族」と規定していますが、その他の憲法改正案では「犯罪被害者およびその遺族」とか、「犯罪被害者又はその遺族」と定めています。この、「家族」と「遺族」の差異ですが、これは立法政策的に見て、自民党改憲草案の方が優れていると思います。なぜならば、犯罪被害者は必ずしも「死亡者」とは限りません。犯罪被害者が重傷を負わされて、場合によっては「寝たきりの状態」になるかも知れません。その場合には、国からの保護、配慮の対象は、犯罪被害者本人だけであり被害者本人は死亡したわけではないのですから、従って、被害者には「家族」は在るが「遺族」は無いわけです。従って、この被害者の「家族」は国の救済は受けられないわけでありますから、やはりここは、「遺族」よりは救済範囲を広くする意味で「家族」とした方が良いと思います。

もっとも、自民党改憲案のように「犯罪被害者及びその家族の人権及び処遇に配慮しなければならない」と定めますと、「殺人事件」の犯罪被害者の場合には、その「家族」は「遺族」と言うことですからこの「遺族」の「人権及び処遇」は「配慮されない」のではないか、と解されるおそれがあり得ます。それならば、次のようにすべきです。

（犯罪被害者等への配慮）

第二十五条の四　国は、犯罪被害者及びその家族又は遺族の人権及び処遇に配慮しなければならない。

注

（1）「証人等の被害についての給付に関する法律」が制定されているのであれば、「検察審査会法」に基づく、一般国民から選ばれた審査員や、「裁判員の参加する刑事裁判に関する法律」に基づく、一般国民から選ばれた裁判員が、職務に関連して被害を被った場合についても被害者に対する補償又は給付のための立法が必要であると思います。その場合の補償又は給付の程度については公務員の災害補償に準ずるべきです。なぜならば、審査員又は裁判員の職務は、言わば公務に準ずるものだからです。

④第三十三条・緊急逮捕は、なぜ逮捕状は逮捕後でもよいのか

憲法第三十三条は「何人も、現行犯として逮捕される場合を除いては、権限を有する司法官憲が発し、且つ理由となってゐる犯罪を明示する令状によらなければ、逮捕されない。」と定めています。一方、刑事訴訟法第二百十条第一項は、「緊急逮捕」について定めており、「検察官、検察事務官又は司法警察職員は、死刑又は無期若しくは長期三年以上の懲役若しくは禁錮にあたる罪を犯したことを疑うに足りる充分な理由がある場合で、急速を要し、裁判官の逮捕状を求めることができないときは、その理由を告げて被疑者を逮捕することができる。この場合には、直ちに裁判官の逮捕状を求める手続きをしなければならない。逮捕状が発せられないときは、直ちに被疑者を釈放しなければならない。」と定めています。[1] ここで、憲法第三十三条と刑事訴訟法第二百十条第一項を見比べてみますと、憲法第三十三条は、「現行犯」逮捕以外は、被疑者を逮捕する側である検察官、検察事務官及び司法警察職員は、被疑者を逮捕する前に司法官憲（裁判官）の発する「逮捕状」が必要なのです。このことは、「現行犯」の逮捕以外の「犯罪行為の被疑者」の逮捕に当たっては、検察官、検察事務官又は司法警察職員の一方的判断に依るのではなくて第三者である「裁判官」の判断によって始めて「被疑者の逮捕」の可否が決定されると言うわけなのです。ところが、刑事訴訟法第二百十条第一項では、「現行犯」以外の犯罪でも、ある特定の種類の犯罪であって、かつ、特別の状況の下においては「被疑者の逮捕」には、「逮捕」が先行しても良く、逮捕の後で、「逮

捕」に必要な「逮捕状」を求めてもよいと規定しているのです。こうなると、刑事訴訟法第二百十条第一項の規定内容は明らかに憲法第三十三条に違反、抵触して違憲無効と言うことになるのではないでしょうか。この点に関しては、現行憲法の施行の日からそれ程時が経過していない昭和三十年十二月十四日の最高裁判所大法廷判決がありますので、この判決を紹介します。

「……刑訴二百十条は、死刑又は無期若しくは長期三年以上の懲役若しくは禁錮にあたる罪を犯したことを疑うに足る充分な理由がある場合で、且つ急速を要し、裁判官の逮捕状を求めることができないときは、その理由を告げて被疑者を逮捕することができるとし、そしてこの場合捜査官憲は直ちに裁判官の逮捕状を求める手続を為し、若し逮捕状が発せられないときは直ちに被疑者を釈放すべきことを定めている。かような厳格な制約の下に、罪状の重い一定の犯罪のみについて、緊急已むを得ない場合に限り、逮捕後直ちに裁判官の審査を受けて逮捕状の発行を求めることを条件とし、被疑者の逮捕を認めることは、憲法第三十三条規定の趣旨に反するものではない。」

この最高裁判所大法廷判決に対して、鴨良弼教授は、「本判決は、緊急逮捕の合憲性を是認しているが、判旨をみてもわかるように、その理由ははなはだ内容に乏しいものである。単に実定法の規定内容を表面的に説明するのみで、真に理由らしいものは述べられていない。」とし、次に同教授は現行犯逮捕との比較の上で「捜査の法益と個人の法益とが相克することでは、通常逮捕と共通ではあるが、緊急逮捕にあってはさらに緊急状態という要因が加わっている。しかも、その緊急状態は現行犯逮捕のそれとかなり趣を異にしている。現行犯の緊急性は、現に犯罪実行中の者または犯罪実行の直後における犯人についてただちにこれを逮捕しなければ犯人や証拠の保全の機会を逃してしまうといった緊急な情況を内容とし、しかも犯人と犯罪事実が一見明瞭であるのでただちに逮捕しても人権を不当に侵害するおそれはない。したがって、逮捕が緊急であっても、相克する法益の調整について捜査機関の合理的な裁量に期待することが可能である。ところが、緊急逮捕にあっては、逮捕の緊急性といっても、その緊急性は通常の令状手続によっては犯人の保全を期することができないという手続上の緊急状態を内容としている。現行犯のように犯罪および犯人の明白性から直接に導かれる緊急性ではなく、その緊急性の判断については捜査の裁量が不当に作用する危険が多分にあるといわなければならない。事後の速やかな令状発布を要件としているといっても、それは事後確認的な意味を持つにすぎず、捜査の裁量を事前に抑制するという令状本来の機能ではありえない。事後令状によって緊急逮捕の合法性に遡及効を認めさせるといっても、捜査の裁量に対する抑制という面からみれば、ほとんどそれは無意味に近い。」と説き、さらに同教授は「自由拘束の継続性と事後令状の発布とを全体的にみて、これを令状による逮捕として統一的にみようとすることは、あまりにも法技術的な技巧にすぎ、令状の捜査裁量に作用する実質的な抑制機能ということは、その技巧の背後におしかくされているということができる。」と説いています。

これに対して、「緊急逮捕の合憲性」を主張する立場は、最高裁判所の判決のようにこの制度の必要性の判断が先にあり、このため、どうしてもこの制度の根拠規定である刑事訴訟法第二百十条を合憲と判断しなければならず、同第二百十条の規定内容である「死刑又は無期若しくは長期三年以上の懲役若しくは禁錮にあたる罪を犯したと疑うに足りる十分な理由がある場合で、急速を要し、裁判官の逮捕状を求めることができないときは、その理由を告げて」（逮捕状なしで）「被疑者を逮捕することができる。」とする点を唯単に肯定することに終始するにすぎないのです。確かに、「通常逮捕」の場合には「被疑者が罪を犯したことを疑うに足りる相当な理由があるときは、裁判官のあらかじめ発する逮捕状によりこれを逮捕することができる。」（刑事訴訟法第百九十九条第一項）のに対して、この「緊急逮捕」は、その犯罪の凶悪重大さ、逮捕の緊急性などをもって、「裁判官のあらかじめ発する令状を要しないこと」とありますが、被疑者が犯したであろう犯罪を「凶悪重大な犯罪」に限定し、その被疑者の逮捕の必要性の「緊急性」に限定したものとしても、この「緊急逮捕」はやはり憲法第三十三条の規定する「令状主義」に違反、抵触することは否定できないのではないでしょうか。

とにかく、憲法第三十三条は、明白に、「現行犯」以外の犯罪の被疑者の逮捕には、捜査機関ではなくて、第三者的立場にある「司法官憲」（裁判官）のあらかじめ発する令状（逮捕状）が必要であると定めているのです。その理由は、「現行犯」の場合には、逮捕の対象である「被疑者」たるものが犯罪を犯したことが客観的に明白であることから、その逮捕のためには裁判官の「令状」は不要、つまり、逮捕前に第三者たる裁判官による逮捕の可否の判断を必要とはしないと言うわけなのです。要するに、「逮捕状を要求しないと言う現行犯逮捕」の制度とは、捜査機関の判断を信頼する制度なのです。これに対して「現行犯逮捕」以外の「被疑者の逮捕」では、逮捕されるべき

「被疑者」が本当に「犯罪を犯したか否かの判断」をするのに「捜査機関の判断」には、一切任せない」制度、言い換えれば「逮捕の可否について捜査機関の判断」を信頼しないという制度なのであります。この点において、被疑者の犯したであろう犯罪の凶悪さ、重大さ、とか、逮捕の緊急性は関係はないものなのです。

とにかく憲法第三十三条は、「現行犯」というような犯罪事実が客観的に明白な場合についてだけ、その犯罪の被疑者の逮捕に裁判官の発する「令状（逮捕状）は不要」と規定したのであって、「現行犯以外の犯罪」には、それがいかに必要性があるからとは言え、刑事訴訟法第二百十条のような例外の制度を設けて、その例外の制度は憲法違反ではないとする、そのような解釈運用は憲法の最高法規性を真っ向から否定することになります。

現在の我が国の犯罪の状況をみるに、現行憲法の制定された七十年余の昔の素朴で平穏な社会とは異なり、残虐非道で狡猾極まりない犯罪が頻繁に行われる実態に対しては、憲法の定める「現行犯逮捕以外の犯人の逮捕にはすべて裁判官の令状を要する」と言うことで国民の生命、身体又は財産が護られるのかという懸念は払拭できません。このため前述の最高裁判所の判決が刑事訴訟法第二百十条に定める「緊急逮捕」を合憲としたことに対して一部の批判はあるものの、大概は賛成意見か又は沈黙しているのです。

このようにして、憲法の規定をその文言通りに適用ないしは運用したのでは我が国家、社会を適切かつ合理的に規律し得ないことから、憲法よりも下位の法規範によって憲法の足らざるところを補い、場合によっては違憲の疑い、違憲のおそれのある規定内容が定められることになるわけなのです。このような「法律」は、本来は憲法違反の誹りを免れないものではありますが、その法律の内容は現在の我が国家、社会の現実、実態に即応した適切さ、合理性、妥当性を有しているが故に、憲法の規定・条文に抵触して違憲無効となるような事態を極力回避しようとして、そのために、憲法の条文規定の解釈を無理矢理に歪めてしまう、つまり、極力、そのような「法律の規定内容」が憲法違反とならないような「憲法解釈」をするわけなのです。このような憲法解釈は、言わば「法律迎合的憲法解釈」と称すべきものであって、到底、容認されるものではありません。

かくして、このような憲法の解釈運用が行われることは、憲法の最高法規としての「法令統制規範」、「国務統制規範」が正に機能喪失を来している証拠に他なりません。

なお、付言するに、憲法第三十三条は、現行犯の逮捕以外の犯人逮捕の場合には事前に「司法官憲が発する令状」を必要とする旨を定めていますが、「司法官憲」とは、前述のように「裁判官」を意味するものです。憲法も、この第三十三条以外の条文では「裁判官」と表現しており、なぜ第三十三条に限って、裁判官を「司法官憲」と表現したのか不可解です。同じ法規の中において同じ事項を定めるのに異なる表現をすることは余計な解釈を生み出すことになりますから、極力避けることが立法の常識なのです。現に、憲法施行当初には、「司法官憲」とは「検察官」を含むと言うような解釈がありました。

この憲法第三十三条については、読売憲法改正案は、次のように定めています。

（逮捕の要件）

第三十九条　何人も、現行犯として逮捕される場合を除いては、裁判官が発し、かつ理由となっている犯罪を明示する令状によらなければ、逮捕されない。

また、自民党改憲草案では、この点に関して次のように定めています。

（逮捕に関する手続の保障）

第三十三条　何人も、現行犯として逮捕される場合を除いては、裁判官が発し、かつ、理由となっている犯罪を明示する令状によらなければ、逮捕されない。

右の改正案は、いずれも「司法官憲」と言う表現ではなくて、「裁判官」と言う明確な用語を用いており、この点は良いのですが、その他の点については、両改正案とも憲法第三十三条を単に引き写したにすぎません。従って、前述のような問題点を立法的に解決するには至っていないのです。そこで、前述のように、「緊急逮捕」についても「現行犯逮捕」と同様に、逮捕前には「令状（逮捕状）」は不要である旨を定める刑事訴訟法第二百十条が違憲との疑義を生じないように、第三十三条を次のように改める必要があります。

（逮捕に関する手続の保障）

第三十三条　何人も、現行犯として逮捕される場合その他法律で定めるやむを得ない緊急の場合を除いては、裁判官が発し、かつ、理由となっている犯罪を明示する令状によらなければ、逮捕されない。

注

(1)「被疑者」とは、犯罪を犯したと疑われている者を指し、新聞、テレビ、ラジオ等のマスコミでは、専ら「容疑者」と表現しています。一方、「被告人」とは、犯罪を犯した者が、刑事裁判にかけられた(公訴提起された)時から、その刑事裁判の判決の確定までを「被告人」と言います。ところが、なぜか、新聞等のマスコミの報道では、「被告人」とは言わずに「被告」と言うのが通例のようです。しかし、「被告」とは、民事事件の裁判における「原告」に対立するもう一方の当事者のことを言います。刑事訴訟法の条文中には、専ら「被告人」と言う用語が用いられており、「被告」と言う用語は見られません。

⑤第三十八条第一項・黙秘権の保障と自動車事故の報告義務とは両立せず

憲法第三十八条第一項は「何人も、自己に不利益な供述を強要されない。」と定めており、これが「黙秘権の保障」と言うものです。ところで、道路交通法第七十二条第一項は「車両等の交通による人の死傷又は物の損壊(以下「交通事故」という。)があったときは、……この場合において、当該車両等の運転者(……)は、警察官が現場にいるときは当該警察官に、警察官が現場にいないときは直ちに最寄りの警察署(派出所又は駐在所を含む。……)の警察官に当該事故における死傷者の数及び負傷者の負傷の程度並びに損壊した物及びその損壊の程度、当該交通事故に係る車両等の積載物並びに当該交通事故について講じた措置を報告しなければならない。」と定めています。これは、要するに「自動車運転により生じた事故の報告義務」を定めているのですが、そのような「報告義務」は、憲法第三十八条第一項に定める「黙秘権の保障」に矛盾抵触するものではないかという問題を引き起こします。

この点について、先程の道路交通法第七十二条第一項が定められるより以前に、同様の内容を定めていた道路交通取締法施行令第六十七条が憲法の「黙秘権の保障」に違反するとして争われた裁判の昭和三十七年五月二日最高裁判所大法廷判決は、「道路交通取締法（以下法と略称する）は、道路における危険防止及びその他交通の安全を図ることを目的とするものであり、法二十四条一項は、その目的を達成するため馬車又は軌道車の交通に因り人の殺傷等、事故の発生した場合において右交通機関の操縦者又は乗務員その他の従業者の講ずべき必要な措置に関する事項を命令の定めるところに委任し、その委任に基づき、同法施行令（以下令と略称する）六十七条は、これら操縦者、乗務員その他の従業員に対し、その一項において、右場合直ちに被害者の救護又は道路における危険防止その他交通の安全を図るため、必要な措置を講じ、警察官が現場にいるときは、その指示を受くべきことを命じ、その二項において、前項の措置を終わった際警察官が現場にいないときは、直ちに事故の内容及び前項の規定により講じた措置を当該事故の発生地を管轄する警察署の警察官に報告し、かつその後の行動につき警察官の指示を受くべきことを命じているものであり、要するに交通事故発生の場合において、右操縦者、乗務員その他の従業者の講ずべき応急措置を定めているに過ぎない。法の目的に鑑みるときは令同条は、警察署をして、速に、交通事故を知り、被害者の救護、交通秩序の回復につき適切な措置を執らしめ、以て道路における危険とこれによる被害の増大とを防止し、交通の安全を図る等のため必要かつ合理的な規定として是認せられねばならない。しかも、同条第二項掲記の「事故の内容」とは、その発生した日時、場所、死傷者の数及び負傷の程度並びに物の損壊及びその程度等、交通事故の態様に関する事項を指すものと解すべきである。したがって、右操縦者、乗務員その他の従業者は、警察官が交通事故に対する前叙の処理をなすにつき必要な程度においてのみ、右報告義務を負担するのであって、それ以上、所論の如くに、刑事責任を問われる虞ある事故の原因その他の事項までも右報告義務ある事項中に含まれるものとは、解されない。また、いわゆる黙秘権を規定した憲法三十八条一項の法意は、何人も自己が刑事上の責任を問われる虞ある事項について供述を強要されないことを保障したものと解すべきことは、既に当裁判所の判例とするところである。従って、同令六十七条二項により前叙の報告を命ずることは、憲法三十八条一項にいう「自己に不利益な供述」の強要に当たらない。」と判示しています。(1)

この判決（つまり多数意見）には、二つの補足意見が有りますので、それを紹介します。

補足意見の一は、「仮令自己の注意義務違反、過失の有無などの主観的原因等については報告義務なしとしても、前記の如く事故の態様を具体的、客観的に報告することを義務付けられることは、犯罪構成要件のうちの客観的事実を報告せしめられることになるから、少なくとも事実上犯罪発覚の端緒を与えることになり、多数意見の如く全然憲法三十八条の不利益な供述を強要することに当たらないと断定することには躊躇せざるを得ない。刑訴百四十六条の証言拒絶に関する規定は、憲法三十八条の趣旨に則ったものであるが、操縦者らが若し証人として前記の如き事故の態様に関する事実について証言を求められたときは、自己が刑事訴追を受ける虞のあるものとして右刑訴の規定により証言を拒むことができないであろうか。しかし、前述の如く自己の故意過失等主観的な責任原因などは、報告義務の外に置かれていること及び道路交通の安全の保持、事故発生の防止、被害増大の防止、被害者の救護措置等の公共の福祉の要請を考慮するとき、いわゆる黙秘権の行使が前記程度の制限を受けることも止むを得ないものとして是認されるべきものと考える。」と判示しています。

このように最高裁判所の判決からは、「自動車運転者の報告義務」の趣旨は、交通事故を引き起こした運転者はそのことを警察署又は警察官に報告し、報告を受けた警察官は速やかに被害者の救済、交通秩序の回復の措置を執ることになる点にあります。

従って、交通事故の報告をした自動車運転者の刑事責任（例えば、業務上過失致死傷等ないしは危険運転致死傷）を追及することを目的としたものでないことはその通りです。しかし、それではこの「自動車事故の報告義務者である自動車運転者」はこの事故報告を行えば、その後は何らのお構いもなしなのかと言えばそうでないことは極めて明白です。この自動車事故の報告によって、事故を惹起した「自動車の運転者の業務上過失致死傷罪」の可能性は誰にでも想定できることです。

また、刑事訴訟法第二百三十九条第二項では「官吏又は公吏は、その職務を行うことにより犯罪があると思料するときは、告発をしなければならない。」と定めているのですが、この規定を待つまでもなく、自動車運転者に対してこのような「交通事故の報告」を義務づけて、その義務が履行されれば、それは、とりもなおさず「犯罪発覚の端緒」、「犯罪発覚のきっかけ」、となるものであり、従って、「自動車運転者の報告義務」の制度は憲法第三十八条第一項が「黙秘権の保障」を定めていることに違反、抵触することは極めて明白なことなのです。

この点については、先に紹介した判決を下した最高裁判所も十分に意識しているらしく、そのためか、「報告義務内容には刑事責任を問われる虞のある事故の原因その他の事項までも右報告義務ある事項中に含まれるものとは、解されない」とか、黙秘権の保障は「何人も自己が刑事上の責任を問われる虞ある事項について供述を強要されないことを保障したものと解すべき」として、「自動車事故の報告義務」の「報告事項」には、刑事責任である「業務上過失致死傷罪」を直接窺わせるような事項は含まれていないことを強調しているのです。しかし、前述の「補足意見の一」では、報告義務の報告内容がそのようなものであっても、報告義務を果たすことは、「少なくとも事実上犯罪発覚の端緒を与えることになり、多数意見の如く全然憲法三十八条の不利益な供述を強要することにあたらないと断定することには躊躇せざるを得ない」として、自動車事故を起こした運転者の報告義務が憲法の定める「黙秘権の保障」に違反することを懸念してはいるのです。

補足意見の二は、「いわゆる交通事故が発生した場合、死傷者が生じたときは、これに対する処置、事故により生ずる交通混乱等の整理など行政官（主として警察官）の処理をまつことが多く、しかもこれらは迅速になされなくてはならない。これがためには、警察官その他の係官が先ず事故の発生を覚知し、現場に臨むことが必要であることはいうまでもない。この事故の発生を知るためには、事故を発生せしめた者（例えば自動車運転者）が一番早く事故を知るのであるから、同人をして即時、事故発生の事実を警察官に通報させることが、いわゆる行政経済の立場から要求されることは、当然であって、この通報義務違反に対し、いわゆる行政秩序罰（罰金刑、若しくは軽微なる懲役、禁錮刑を標準とする）程度の制裁が科せられても、国民としてはこれを甘受しなければならないと解する。従って右通報義務違反に対し、道路交通取締法二十八条一号（二十四条一項）が「三ヶ月以下の懲役、五千円以下の罰金又は科料」の制裁を科することを規定しても、右規定が憲法三十八条一項に違反するということはできない。」としています。[2]

この「補足意見の二」は、自動車操縦者（運転者）等の「自動車事故の報告義務」の制度の制度目的に関しては、判決（多数意見）の立場を十分に補足してはいるのですが、この「報告義務を果たすこと」が、自動車操縦者等にとっては、自らが引き起こした交通事故の嫌疑、つまり、「業務上過失致死罪等」[3]の犯罪の発覚の端緒となることは明らかなのであることから、やはり「自動車事故の報告義務」を定めている令六十七条二項が憲法第三十八条第一項（黙秘権の保障）に違反する虞のあることを否定できず、従って、多数意見を十分に補足しているようには思われません。

結局のところ、最高裁判所判決及びその「補足意見」のいずれもが、令第六十七条第二項の定める「自動車運転者の報告義務」の趣旨が、道路交通安全の保持、事故発生の防止、被害増大の防止、被害者の救済措置等の公共の福祉の要請であることから、どうしても令第六十七条第二項を憲法違反で無効だとは言えないのです。このため、令第六十七条第二項が憲法第三十八条第一項に違反で無効となるのを極力回避したいがために、憲法第三十八条第一項を、かなり無理に歪めた解釈を弄した末に、「自動車事故の報告義務は憲法違反ではない」との結論に導いたということではないでしょうか。

このようにして、令第六十七条第二項に定める「自動車事故の報告義務」制度が絶対に必要であるから、この制度が憲法第三十八条第一項（「黙秘権保障の規定」）に違反して無効とならないようにと、憲法第三十八条の解釈に十分な手心を加えたと言うような憲法解釈が許容されるのであれば、憲法の最高法規性、即ち、憲法の「法令統制機能」、「国務統制機能」は無に帰すのであり、憲法の「最高法規性」は空洞化、形骸化するのです。

ここまでは、最高裁判所昭和三十七年五月二日大法廷判決を紹介し、その判決内容中、令第六十七条第二項が憲法第三十八条第一項に違反するか否かを論じてきたのですが、この「令第六十七条第二項」、即ち道路交通取締法施行令第六十七条第二項の「自動車事故の報告義務」制度は、ほぼ同様の内容で、現行の道路交通法第七十二条に承継されていることから、これまで論じてきたことは過去の問題ではなく、現在は、憲法第三十八条第一項の「黙秘権の保障」と道路交通法第七十二条の規定する「自動車事故の報告義務」制度との関係において、最高裁判所昭和三十七年五月二日大法廷判決は先例となる判決なのであり、憲法第三十八条第一項は、依然として憲法の最高法規性の形骸化、空洞化の一例といえるのです。つまり、憲法第三十八条第一項の「黙秘権の保障」は道路交通法第七十二条に対しては、「法令統制規範」としての法令統制機能が機能していないのです。

自動車運転者の「交通事故の報告義務」の他にも、憲法第三十八条第一項の「黙秘権の保障」の定めが、最高法規としての法令統制機能が空洞化、形骸化している実例があります。それは、各種の行政取締法規が「報告義務」や「記帳義務」について定めており、これらの規定が、憲法第三十八条第一項の「黙秘権の保障」を定めたことに違反するか否かが裁判で争われたり、学者間の論争にもなり、その代表的なものに「麻薬取扱者の記帳義務」について昭和二十九年七月十六日最高裁判所第二小法廷判決があります。

この裁判事案は、被告人Aは、X病院薬剤長で麻薬管理者であったが、同病院長相被告人Bと共謀して、終戦時入手した麻薬阿片アルカロイド注射液三千管余を隠匿し、昭和二十三年七月から二年余にわたり、病院の医師を使って不正に患者に施用させ、この際旧麻薬取締法第十四条第一項により記載を義務づけられている麻薬の品名、数量、交付の年月日等を所定の帳簿に記載しなかったことで、この点の記帳義務違反の罪を問われたものです。この刑事裁判の第一審及び第二審では、被告人Aが麻薬取締法の規定に基づく記帳義務を履行するときには自らの麻薬取締法違反の事実の発覚の端緒を与えることになるから、被告人Aに対して記帳を期待することは不可能であることを理由に、無罪を言い渡した。これに対して検察官が上告し、最高裁判所は検察官の上告を認容し、無罪判決を破棄し、原審に差し戻した。最高裁の「破棄差戻」の判旨は「旧麻薬取締法十四条一項が、麻薬取扱者に対しその取り扱った麻薬の品名及び数量、取扱年月日等を所定の帳簿に記入を命ずる理由は、麻薬取扱者らよる麻薬の処理の実状を明確にしようとするにあるのであるから、いやしくも麻薬取扱者として麻薬を取り扱った以上は、たとえその麻薬が正規の手続きを経ていないものであっても、右帳簿記入の義務を免れないものと解するのが相当である。原判決は、正規の手続きを経ていない麻薬の取扱に関する事実を帳簿に記入することは、その違反行為の発覚の端緒となるものであって、麻薬取扱者といえどもこれを期待することが不可能であるから、かかる事実を帳簿に記入しなくても、当該義務違反の罪を構成しない旨判示する。しかし麻薬取扱者たることを自ら申請して免許された者は、そのことによって当然麻薬取扱法規によって当該麻薬取扱法規による厳重な監査を受け、その命ずる一切の制限または義務に服することを受諾しているものというべきである。されば、麻薬取扱者として麻薬を処理した以上、たとえその麻薬が取締法規に触れるものであっても、これを記帳せしめられることを避けることはできないのみならず、取締上の要請からいっても、かかる場合記帳の義務がないと解すべき理由は認められない。」と判旨しています。

右裁判事案は、「麻薬取扱者の記帳義務」違反事件において、このような記帳義務が「黙秘権の保障」を定めている憲法第三十八条第一項に違反するのではないかと言うことが問題となったものですが、これと同様な事案として裁判上争われたものとしては、①密入国者に対する外国人登録法第三条による登録申請義務、②旧麻薬取締法による麻薬取扱者の記帳義務、③古物営業法第十六条による取引記帳義務、贓物《ぞうぶつ》（盗品その他財産に対する罪に当たる行為によって領得された物）の取引と記帳義務、④毒物及び劇物取締法第十四条による書面記載義務、⑤覚せい剤取締法第二十八条から第三十条による記帳義務・報告義務、⑥あへん法第三十九条による記帳義務、⑦大麻取締法第十五条・第十六条の二・第十七条による報告義務・記帳義務、⑧麻薬及び向精神薬取締法第三十七条による記帳義務、⑨航空法第七十六条の機長に対する国土交通大臣への報告義務、⑩船員法第十九条の船長に対する国土交通大臣への航行に関する報告義務、があります。

刑事裁判において、これらの法律に規定する「報告義務」は憲法第三十八条第一項の「黙秘権の保障」に違反する違憲無効の規定であるという主張はことごとく退けられています。それは、これらの「報告義務」の制度は、「自動車事故の報告義務」と同様に「公共の福祉の要請」から必要不可欠のものであると言う理由によるものとされています。

ここで考えるべきことは、憲法第三十八条第一項の「黙秘権の保障」は、犯罪の種類を問わず、一律にあらゆる犯罪について、その犯罪者に対して「黙秘権の保障」を許容している点なのであり、この点についての立法論的観点からの見直しが必要なのであります。

犯罪の構成要件とそれに対する罰則を規定している代表的な法律である「刑法（明治四十年法律第四十五号）」は、その規定している犯罪を分類して、①人の生命、身体、財産名誉・尊厳を保護法益として、これを護るための刑罰規定、例えば、殺人、傷害、強盗、窃盗、強要罪、名誉毀損等の「個人的法益を侵害する犯罪」、②内乱罪、外患罪、国交に関する罪などの「国家的法益を侵害する犯罪」、③騒乱の罪、あへん煙に関する罪、飲料水に関する罪のような「社会公共的利益を侵害する犯罪」に区分けする考え方がありますが、この犯罪分類に依る場合に、憲法第三十八条第一項の「黙秘権の保障」は、①の「個人的法益を侵害する犯罪」の犯人の刑事裁判手続においてこそ認められるべきものであり、一方、③の「社会公共的利益を侵害する犯罪」の犯罪者の刑事裁判手続においては①のような「黙秘権の保障」は認められないとすべきではないでしょうか。

この考え方に立つならば、前述の「自動車事故の報告義務違反の罪」を例にとれば、憲法制定当時における主な交通輸送手段が列車、バス等を除けば、自転車、荷車、大八車等であった七十年余の昔の我が国家、社会の実態とは格段に異なる現在の「車社会」においては、日本国には自動車の保有台数が八〇〇〇万台、自転車（原動機付自転車を含む）の保有台数が七〇〇〇万台も有ると言われています。そこで、仮に、我が国に存在するところの八〇〇〇万台の自動車の十分の一が、この約三十七万平方キロメートルの狭い日本国中を毎日、終日、走行しているものと想定した場合に、それら総ての自動車の走行を警察官が監視し、発生する総ての自動車事故を確認することは、凡そ不可能なことであり、これは、やはり、自動車事故を引き起こした時の報告義務はその自動車の運転手又は同乗者等に課することの他には、確実な方法は、これまでのところ考えられないのです(4)。とにかく、この自動車事故の報告によって警察官は事故の被害者の早急な救済及び交通状態の復旧に当たることが可能になるのです。従って、「自動車事故の報告義務」を自動車の運転手等に課することは憲法第三十八条第一項の「黙秘権の保障」に違反、抵触する無効な制度であるとしても、これに代わるべき有効適切な制度が現在のところ考えられないのです。このために、道路交通法第七十二条に定める「自動車事故の報告義務」を憲法違反で無効な制度としないがために、最高裁判所判決は前述のようにかなり無理な論旨を展開せざるを得なかったものと思われます。それだけにこの憲法第三十八条第一項は、今日の我が国家、社会の現実、実態から乖離した、実に時代遅れの規定内容となっているのです。

さらに、言うならば、ここでも、法律の条文規定（道路交通法第七十二条）が憲法の条文規定（憲法第三十八条第一項）に違反して違憲無効となることを極力回避するために憲法の条文規定の解釈を歪めて、法律の規定が違憲とならないように憲法の条文規定を解釈する、と言う「法律迎合的憲法解釈」が行われているのです。

このことは、自らが刑事責任を問われる契機となる「報告義務」や「記帳義務」を定めている道路交通法第七十二条を始めとする前述の各種行政取締法規に対する憲法の「最高法規性」、つまり憲法の「法令統制規範」は全く機能不全であると言う他はありません。

従って、問題は繰り返しになりますが、憲法第三十八条第一項に規定する「黙秘権の保障」とは、広く犯罪一般の容疑者（被疑者）に向けられるべきものではなく、強盗の罪、窃盗の罪等に代表される「個人的法益を守るための刑罰規定を犯した者を念頭に置いた刑事訴訟手続き」に用いられるべきものであって、道路交通法の定める「自動車事故の報告義務違反の罪」や、麻薬取締法等の「記帳義務違反の罪」のような、「公共の利益ないしは社会一般の利益」と言うような「社会的法益」を守るための刑罰規定を侵害した者を想定した刑事訴訟手続きではない、と考えるべきなのです。

このように考える立場から、道路交通法の定める「自動車事故の報告義務違反の罪」や麻薬取締法の「記帳義務違反の罪」は、「社会公共的法益」を守るための刑罰規定違反者に対する憲法第三十八条第一項の「黙秘権の保障」の例外（黙秘権の保障に対する一定の制限）を認めるべきものです。

以上の立法政策的観点から、憲法第三十八条第一項は、次のように規定するべきです。

（黙秘権の保障）

第三十八条　何人も、自己に不利益な供述を強要されない。ただし、法律で定める場合はこの限りでない。……第一案(5)

第三十八条　何人も、法律の定める場合を除いては、自己に不利益な供述を強要されない。……第二案(5)

注

（1）この判決書で「同令六十七条二項」とあるのは、道路交通取締令第六十七条第二項のことであり、当時、自動車事故の報告義務は「道路交通取締法施行令」という「政令」で定められていたものが、現在、道路交通法第七十二条に定められています。

（2）現行法である道路交通法（昭和三十五年法律第百五号）は、交通事故に係る車両等の運転者その他の乗務員の「報告義務違反」に対しては、「三月以下の懲役又は五万円以下の罰金」を科すると定めている（第七十二条第一項後段、第百十九条第十号）。

（3）現在ではこの業務上過失致死傷等（刑法第二百十四条）の他、危険運転致死傷（刑法第二百八条の二）の場合もあり得ます。

（4）走行する自動車のすべてにＧＰＳ（全地球測位システム）を装置するという方法も考えられますが、現在のところ極めて非現実的です。

（5）「法律の定める場合」とは、道路交通法第七十二条に規定する「自動車事故の報告義務違反」、その他本書五十〜五十一頁に①から⑩に列挙した犯罪、密入国者に対する外国人登録法第三条による登録申請義務、古物営業法第十六条に規定する取引記帳義務、あへん法第三十九条に規定する記帳義務、大麻取締法第十五条等に規定する報告義務・記帳義務、航空法第七十六条に規定する機長に対する国土交通大臣への報告義務等が想定されます。

第二分類　憲法の規定内容の非現実性がもたらす遵法精神の低下と最高法規性

①第八条・皇室の経済生活の不便さについて

憲法第八条は「皇室に財産を譲り渡し、又は皇室が、財産を譲り受け、若しくは賜与することは、国会の議決に基かなければならない。」と定めています。この趣旨は、戦前の日本の皇室が広大な皇室御料等の財産を有する大資産家であったこと、この皇室財産の法的性格が明瞭でなく国有財産ではないが、そうかと言って天皇及び皇族の純然たる私有財産と見ることもできないものであり、そうなるとこの皇室財産は法的規制が曖昧なものであったことから、戦後は皇室財産のうちの従来の「御料」を原則として国有財産に編入し、天皇の私有財産を国家的な性格を有する財産から厳格に区別するとともに、天皇の純然たる私有財産に関する行為についてもこれを国会のコントロールのもとに置こうとした、と宮沢俊義教授は説かれます。さらに、教授は、「少数の金持、または多数人が、募金などの方法により、巨額の金を天皇に贈与（献上）することが無制限に許されれば、ふたたび天皇の財閥的地位が復活しないともかぎらない。そして天皇が大きい私有財産をもつようになった場合、天皇がそれを、天皇の地位から見てのぞましくない目的（ある特定の政党に選挙資金など）に、使うこともあり得ないではない。そこで憲法は、そういうことを防ぐ意味で、本条を設け、天皇の手から財産が出る場合と天皇の手に財産が入る場合、国会の議決をもって、その行為の効力要件としたのである。国会は、それらの場合に、その天皇の財産授受がはたして天皇の地位から見てのぞましくないかどうかを審査し、のぞましくない行為ではないとみとめたら、これを議決（承認）し、のぞましくない行為だとみとめたら、これを否決することによって、右にのべられたような危険を防ぐことが、ここで期待されているのである。」と説いています。

この憲法第八条は、マッカーサー草案がその淵源とされ、同草案第七条は「国会ノ許諾ナクシテハ皇位ニ金銭又ハ其ノ他ノ財産ヲ授与スルコトヲ得ス又皇位ハ何等ノ支出ヲ為スコトヲ得ス」と規定していたのであり、同草案の起草者であるGHQ（連合国総司令部）の考え方は、天皇の財閥化が、そこに日本の保守的勢力が結集することを助長し、それがGHQの推進する日本の民主化に対する大きな障害となることを懸念してこのような規定を設けたのであると一般に説かれています。マッカーサー草案の起草者がそのように考えたとしても、同草案第七条を基とした憲法第八条は、宮沢教授が「本条は、天皇及び皇族の法律行為能力を著しく制限し、一種の無能力者たる地位に置くものである。」と説かれるように、かなりの非常識、不合理なことを定めたものであります。さらに宮沢教授は、「本条が売買のような有償の移転までをも国会の議決にかからしめていることは、実際上、極めて不便である。たとえば、天皇は、日常生活に必要な食糧を買うにも、国会の議決が必要になる。なぜなら、売買は天皇が他人に財産を譲り渡す行為であり、同時にまた他人から財産を譲り受ける行為であるから、本条はさらに、財産の大小にかかわりなく一様にその移転を国会の議決にかからしめている点でも、実際上きわめて不便である。たとえば、天皇が旅先で、土地の土産物の贈与（献上）を受ける行為も、また、極端にいえば、往来で赤い羽根の募金に応ずる行為も、いちいち国会の議決を要することになる。本条を文字どおりに適用すると、かような不便が生ずるということは、たまたま本条が立法技術的に見て、できがよくないことの一証ともいえよう」と説かれます（宮沢俊義著・芦部信喜補訂『全訂日本国憲法』百四十八頁から百五十頁、日本評論社）。

正に宮沢教授の説かれる通りであり、憲法第八条の定める以上のような明らかな不合理、不都合さは憲法制定当時においても立法者の間において十分に認識されていたと見えて、その不合理、不都合さを是正しようとして、現行憲法の「施行の日」（昭和二十二年五月三日）よりも早い時期の昭和二十二年一月十六日に「皇室経済法」が制定され、公布されました。そしてこの皇室経済法の「施行の日」は、現行憲法の「施行の日」である昭和二十二年五月三日と同時にすることにより憲法第八条の適用による非常識、不都合な事態の出現を阻止することができたと言えるのです。

この皇室経済法によると、①相当の対価による売買等通常の私的経済行為に係る場合、②外国交際のための儀礼上の贈答に係る場合、③公共のためになす遺贈又は遺産の賜与に係る場合、④毎年四月一日から翌年三月三十一日までの期間内に、皇室がなす賜与又は譲受に係る財産の価額が、別に法律で定める一定価額に達するまでの場合、の四つの場合には国会の議決は不要と定めました。ここで、「別に法律で定める場合」とは、昭和二十二年十月二日に公布された「皇室経済法施行法」であり、同法律は、①天皇及び皇后、太皇太后、皇太后、皇太子、皇太子妃、皇太孫、皇太孫妃、内廷にあるその他の皇族については、これらの者を通じて、賜与の価額は千八百万円、譲受の価額は六百万円とし、②それ以外の皇族は賜与及び譲受の価額はそれぞれ百六十万円とし、成年に達しない皇族についてはそれぞれ三十五万円とし、これらの金額の範囲内では国会の議決は不要としています。

これら二件の法律によって、憲法第八条の途方もない不合理さ、不都合さの是正が図られていますが、憲法第八条を素直に読むならば、これらの二件の法律は憲法第八条に違反抵触し憲法違反の無効な法律なのです。なぜならば、憲法第八条は、皇室経済法及び皇室経済法施行法に定める「賜与」や「授受」の金額は何らの限度も定めてはいないからです。

しかし、これら二件の法律は、憲法違反で無効という主張は聞かれません。その理由は、言うまでもなく憲法第八条自体が余りにも非常識で不合理な規定内容だからです。

かくして、憲法よりも「形式的効力」の劣位にある法律でもって憲法第八条の不都合さ、不合理さを矯正することでかろうじて憲法の規定内容の不都合さ、不合理さが露呈されずに済んでいるのです。しかし、憲法の規定内容の不適切さ、不合理さが憲法よりも下位の法規である法律によって矯正されるということは、我が国の法体系上、本来あってはならないことなのです。従って、このことは、憲法第八条が全くもって憲法の規定としては相応しくないばかりでなく、憲法の「法令統制規範」及び「国務統制規範」としての法令統制機能及び国務統制機能が、憲法施行の当初から機能不全であった訳なのです。

創憲会議編『新憲法草案』、読売憲法改正案、産経新聞社著『国民の憲法』は、憲法第八条相当の箇所を削除していますが、自民党改憲草案は、次のように規定しています。

（皇室への財産の譲渡等制限）

第八条　皇室に財産を譲り渡し、又は皇室が財産を譲り受け、若しくは賜与するには、法律で定める場合を除き、国会の承認を経なければならない。

右の自民党改憲草案は「皇室に財産を譲り渡し、又は皇室が財産を譲り受け、若しくは賜与する」については「法律で定める場合を除き」と規定することによって、前述の皇室経済法や皇室経済法施行法に基づき現在なされている憲法第八条の運用を追認し、現行憲法第八条を巡る前述のような問題点の立法的解決を図ろうとするものと思われます。

②第八十九条・私立学校への遠回りした公金の給付

憲法第八十九条は「公金その他の公の財産は、宗教上の組織若しくは団体の使用、便益若しくは維持のため、又は公の支配に属しない慈善、教育若しくは博愛の事業に対し、これを支出し、又はその利用に供してはならない。」と定めています。ここで問題なのは「公の支配に属しない教育の事業」についてであり、例えば、私立大学に対して、現在、国から「補助金」（つまり「公金」に相当するもの）が支給されていることは一般に知られているところです。しかしこれは、憲法第八十九条の規定に真正面から違反抵触する「国務に関する行為」（第九十八条第一項）であることは明らかです。しかし、これを憲法違反であると言う主張は余り聞かれないのが現状です。それは、私立学校、とりわけ私立大学に対する「国の補助」が余りにも普遍的で、恒常化していることだからなのです。

この規定はマッカーサー草案第八十三条が「公共ノ金銭又ハ財産ハ如何ナル宗教制度、宗教団体若ハ社団ノ使用、利益若ハ支持ノ為又ハ国家ノ管理ニ服ササル如何ナル慈善、教育若ハ博愛ノ為ニモ充当セラルルコト無カルヘシ」と規定してあったものを、憲法第八十九条が「引き写した」ものです。そして、マッカーサー草案第八十三条の規定の根源を辿りますと、アメリカの開拓精神、清教徒精神にまで至ることができるのです。アメリカの建国の礎は、イギリス国教会からの迫害、イギリスの国家権力からの迫害及び圧政から逃れてアメリカ大陸に渡って来た清教徒によって造られたものであることはよく知られたところです。このような迫害の歴史、沿革から清教徒は国家権力に対しては信頼を置かず、国家から独立独歩の精神を持ち、従ってまた、このような「慈善、教育若しくは博愛の事業」は国家とは結びつかないことによって自由な精神でもってこれらの事業が全うされると考えたからです。一方では、自由主義経済国家であり、競争社会であるアメリカにおいては、実業家として成功し、莫大な富を築き上げた者はそれをすべて独り占めするだけではなく、その財産を社会公共の事業、「慈善、教育若しくは博愛の事業」等に寄付することが実業界における真の成功者の証しとされ、アメリカ社会はそのような実業家を大いに賞賛すると言った歴史的、社会的、精神的風土であると言われているのです。このような国家社会の実態であるからこそ、この「慈善、教育若しくは博愛の事業」は、アメリカ連邦政府、ないしは各州政府の援助に頼る必要は無い、と言えるのです。このようなアメリカの国家社会の現実をそのまま日本の国家社会の現実と考えて、このような「清教徒精神」が、マッカーサー草案を経由して日本国憲法に持ち込まれたのが第八十九条の規定なのです。

しかし、我が国の「私立学校」、とりわけ私立大学は国の補助に頼らなければ成り立ちゆかないのが実態なのであり、一方、「公の支配に属しない教育の事業」を行うものがまさに「私立、私学」なのです。ところが、「私立大学」に「公金を支出すること」は憲法第八十九条に真っ正面から違反する、違憲無効な行為であることはもとより明白なのです。このため、「違憲無効の行為」ではないというために、「公の支配」の解釈をいろいろと思案を重ねつつ違憲無効ではないとする方策が試みられては来ているのですが、憲法違反ではないと言う説得力のある解釈、説明はなかなか見つかりません。

この点、私立学校法第五十九条は「国又は地方公共団体は、教育の振興上必要があると認める場合は、別に法律で定めるところにより、学校法人に対し、私立学校教育に関し必要な助成をすることができる。」と定め、ここで「別に法律」とは、私立学校振興助成法であり、同法律は問題の

「公の支配」について次のように定めています。

（所轄庁の権限）

第十二条　所轄庁は、この法律の規定により助成を受ける学校法人に対して、次の各号に掲げる権限を有する。

一　助成に関し必要があると認める場合において、当該学校法人からその業務若しくは会計の状況に関し報告を徴し、又は当該職員に当該学校法人の関係者に対し質問させ、若しくはその帳簿、書類その他の物件を検査させること。

二　当該学校法人が、学則に定めた収容定員を著しく超えて入学又は入園させた場合において、その是正を命ずること。

三　当該学校法人の予算が助成の目的に照らして不適当であると認める場合において、その予算について必要な変更をすべき旨を勧告すること。

四　当該学校法人の役員が法令の規定、法令の規定に基づく所轄庁の処分又は寄附行為に違反した場合において、当該役員の解職をすべき旨を勧告すること。

この規定について宮沢教授の説かれるところでは、これらの「勧告」する権限等では「公の支配」に属するといえるかは疑わしいとされ、また、「公の支配」に属すると言い得るためには、国または地方公共団体が単なる「勧告」的権限だけでなく、慈善とか教育事業の根本的方向を動かすような権力を持っていることが必要であると主張しています。まさにその通りなのですが、しかし、

「公の支配」を宮沢教授のように解するとするならば現に国又は地方公共団体から助成を受けている「私立学校」はもはや「私立学校」ではなくなってしまうのではないでしょうか。

とにかく、国としては「公の支配」とは、私立学校振興助成法第十二条の定めるものとしていますが、それでも、やはり、憲法第八十九条に違反する懸念は解消しないと考えたからでしょうか、現在、次のような「補助金」の支給方法が執られているのです。

その支給方法とは、国は直接に私立大学に「補助金」を支給するのではなくて、国からの補助金の財源を「日本私立学校振興・共済事業団法」と言う法律で定めている「日本私立学校振興・共済事業団」と言う法人に先ず交付します。次に、この「日本私立学校振興・共済事業団」が諸々の私立大学へ「補助金」を交付するという仕組みにしているのです。しかしこれでは、「日本私立学校振興・共済事業団」は正真正銘の「トンネル機関」の役割を果たしていると言うことではないでしょうか。この「日本私立学校振興・共済事業団」を経由することによって国からの「補助金」が、言わば「マネーロンダリング」された後に（つまり、公金ではなくなったつもりで）「私立大学」に「（共済事業団からの）補助金」が支給されるという仕組みになっているのです。

かくして、このような方法による国からの補助金の「私立学校」への交付が憲法第八十九条に違反しないのかと言えば、これ程明白な憲法違反はありません。ところが、それにもかかわらず、このような補助金支給の措置について「憲法違反」であると言う主張は、意外にも、ほとんど聞かれないのです。その理由は何かと言えば、憲法第八十九条が、余りにも我が国の実態にそぐわない現実離れした規定だからであって、従って、憲法第八十九条の定めに従おうとする意識、規範意識が生じないからなのです。憲法第八十九条は、前述のようにアメリカ建国の精神である清教徒精神の影響下のマッカーサー草案第八十三条が基になっていると考えられていますが、それはさておいて、民主主義国家である我が国において、また文化国家たる我が国においては、教育は極めて重要な政治的課題であり、「教育の事業」に対する「国家の補助（公金の支出）」は十分に為されるべき事項であり、それは教育機関の国公立、私立の別を問わないものであるべきです。

おそらく国民の間では、このような考え方が一般的、普遍的なものであることから、現在、大部分の私立大学では何ら躊躇することなく、と言うよりも当然のこととして、「日本私立学校振興・共済事業団」から「補助金（公金）」の支給を受けているのです。

かくして、現在、憲法第八十九条後段の部分は、ほとんど顧みられない、と言うよりも、この第八十九条後段は国民に規範意識、遵法精神を惹起させせない規定としての典型的な実例であり、このことはとりもなおさず、憲法第八十九条後段の「最高法規性」、つまりは「法令統制規範」及び「国務統制規範」が機能を喪失していると言うことなのです。

このため、問題は、このような最高法規である憲法の規定（第八十九条後段）が法令統制機能及び国務統制機能を喪失したままで（完全に無視されたままで）改正（削除）されずにあることは、最高法規である憲法の存在意義が問われるのではないでしょうか。

なお、読売憲法改正案及び産経新聞社著『国民の憲法』では、憲法第八十九条の「公の支配に属しない慈善、教育若しくは博愛の事業」に対して公金を支出することを禁じている箇所を削除しています。

一方、産経新聞社著『国民の憲法』は、積極的に正面から「慈善、教育若しくは博愛の事業」について「公金の助成」を認めて、次のように定めています。

（公金の濫用の禁止）

第百二条　公金は、これを濫用してはならない。

2　教育、研究、芸術、慈善、博愛その他公共の利益に資する事業に対する公金の助成については、法律でこれを定める。

一方、自民党改憲草案は、憲法第八十九条を二つの項に分け、次のように定めています。

（公の財産の支出及び利用の制限）

第八十九条（第一項は、省略）

2　公金その他の公の財産は、国若しくは地方自治体その他の公共団体の監督が及ばない慈善、教育若しくは博愛の事業に対して支出し、又はその利用に供してはならない。[1]

注

（1）自民党改憲草案第八十九条第二項は、現行憲法第八十九条が「公の支配に属しない教育の事業」と規定している点を「国若しくは地方自治体その他の公共団体の監督が及ばない教育の事業」と改めていますが、この「国等の監督」とはどの程度のものなのか、例えば、国等から支給を受けた公金がどのような使途に、どの位の額が費やされたのかを年次報告する義務や、国等からの「立入検査」を受ける義務等の範囲であるならば、これは国等から公金を受ける側としては当然受容する教育機関の義務であり、これでは「国等の監督」は、憲法第八十九条後段の「公の支配」とは言えないと思います。

③第九十五条・本条は死文化した規定か

憲法第九十五条は「一の地方公共団体のみに適用される特別法は、法律の定めるところにより、その地方公共団体の住民の投票においてその過半数の同意を得なければ、国会は、これを制定することができない。」と定めています。この規定の意味について、宮沢俊義教授は次のように説いています。

ある種類の地方公共団体に一般的に適用される法律の規定に対し、その種類に属する特定の地方公共団体に関し、法律で、その地方公共団体としての本質にふれるような重要な例外ないし特例……特に不利益を与える場合……を定めようとするときは、国会は、これを本条にいう「特別法」として、国会の議決を経た後に、さらにその地方公共団体の住民の投票に附し、その過半数の同意を得なければ、法律として成立しないものとすることができる。（宮沢俊義著・

芦部信喜補訂『全訂日本国憲法』七百八十二頁）

また、前後しますが、宮沢教授はこの憲法第九十五条の「地方自治特別法」について次のようにも説いています。

……本条の意味はすこぶる明確を欠く。ある法律が、はたして「一の地方公共団体のみに適用される特別法」と見るべきかどうかについての客観的な基準が明確でないので、従来の実例においても見られるとおり、本条の実際的適用は、はなはだしくすっきりしないものがある。本条に該当する法律として取り扱われたものについて見ても、はたしてそれらが本条に該当すると見るべきであるか、また、それらについて国会の議決のほかに住民投票を行うだけの合理的な理由があるか、はなはだ疑わしいものがすくなくない。（宮沢著前掲書、七百八十一頁・七百八十二頁）

このように、「地方自治特別法」を定めている憲法第九十五条はその意味するところが明確ではないのですが、これまで次に掲げる法律が地方自治特別法として制定されました。

①広島平和記念都市建設法（昭和二十四年法律第二百十九号）
②長崎国際文化都市建設法（昭和二十四年法律第二百二十号）
③別府国際観光温泉文化都市建設法（昭和二十五年法律第二百二十一号）
④伊東国際観光温泉文化都市建設法（昭和二十五年法律第二百二十二号）
⑤熱海国際観光温泉文化都市建設法（昭和二十五年法律第二百三十三号）

⑥首都建設法（昭和二十五年法律第二百十九号）
⑦旧軍港市転換法（昭和二十五年法律第二百二十号）
⑧京都国際文化観光都市建設法（昭和二十五年法律第二百五十一号）
⑨奈良国際文化観光都市建設法（昭和二十五年法律第二百五十号）
⑩横浜国際港都建設法（昭和二十五年法律第二百四十八号）
⑪神戸国際港都建設法（昭和二十五年法律第二百四十九号）
⑫松江国際文化観光都市建設法（昭和二十五年法律第七号）
⑬芦屋国際文化住宅都市建設法（昭和二十五年法律第八号）
⑭松山国際観光温泉文化都市建設法（昭和二十五年法律第百十七号）
⑮軽井沢国際親善文化観光都市建設法（昭和二十六年法律第二百五十三号）
⑯伊東国際観光温泉文化都市建設法の一部を改正する法律（昭和二十七年法律第三百十二号）

これらの「地方自治特別法」は、すべて議員立法（⑦だけは参議院議員立法であり、その他はすべて衆議院議員立法）であり、政府提出法案（いわゆる「閣法」）は一件もないことは注目に値します。また、「⑥首都建設法（昭和二十五年法律第二百十九号）」は、その後「首都圏整備法（昭和三十一年法律第八十三号）」附則第四項により廃止されました。ちなみにこの首都建設法は「地方自治特別法」ではありません。また、「⑯伊東国際観光温泉文化都市建設法の一部を改正する法律」は、その改正の対象である「④伊東国際観光温泉文化都市建設法」が「地方自治特別法」であることからして、当然に「地方自治特別法」であります。もっとも、「⑯伊東国際観光温泉文化都市建設法の一部を改正する法律」の本則の規定は、その改正対象である「④伊東国際観光温泉文化都市建設法」に「溶け込んで」しまっているため事実上存在意義に乏しいことと、「⑥首都建設法」は廃止されたことから、現在は「①広島平和記念都市建設法」を含む十四件の法律が「地方自治特別法」として存在しているのです。

ところで、これらの「地方自治特別法」が制定、公布されたのが昭和二十四年から昭和二十七年にかけての極めて限定された時期に集中していることであり、それはまた、GHQによる日本統治の時期と重なっています。このことは、この「地方自治特別法」を規定している憲法第九十五条の意味するところが必ずしも我が国では十分に理解されていなかったことと相まって、とにかくも、日本国憲法の淵源である「マッカーサー草案（司令部案）」の立案者であるGHQが日本統治をしている間は憲法第九十五条の定める「地方自治特別法」の制定が、政治的にも必要であったからなのだとも思われるのです。

この憲法第九十五条は、前述のように宮沢教授は「ある種類の地方公共団体に一般的に適用される法律の規定に対し、その種類に属する特定の地方公共団体に関し、法律で、その地方公共団体としての本質にふれるような重要な例外ないし特例……特に不利益を与える場合……を定めようとするときは、国会は、これを本条にいう「特別法」として、国会の議決を経た後に、さらにその地方公共団体の住民の投票に附し、その過半数の同意を得なければ、法律として成立しないものとすることができる。」と説くのですが、この宮沢説には異論はないようです。確かに地方自治特別法は直接その法律の適用を受けることとなる地方公共団体の住民の意思を最終的なものとして「住民投票」に係らせている点で、日本国憲法の「代表民主主義（間接民主主義）」の原則に対する憲法上の数少ない例外としての「直接民主主義」の一つとして、また、憲法第四十一条の「国会単独立法の原則の例外」でもあり、「間接民主主義」からさらに進んだ、より望ましい政治形態である「直接民主主義」の発現としての「住民投票」制度であると評価をすることができるとは思われます。しかし、これに対しては、次のような評価もできるのではないでしょうか。

国会（衆議院及び参議院）は、国民から選挙された代表者で構成される、原則として「唯一の立法機関」（第四十一条）であります。その立法府において審議された法律（案）は、かりにその法律が成立して適用されると言う場合において、それがある特定の地方公共団体に「特に不利益を与える場合」があると考えられるのであるならば、その場合には、その地方公共団体の住民の投票にかけるということよりも、その前に、「特に不利益を与える場合」を回避するために、その法律（案）の定める内容の修正等をなすべきことこそが、正に立法府たる国会（国民の代表者にして立法者である国会議員）の職務であり権限なのではないでしょうか。それなのに、ある法律案がある特定の地方公共団体の住民に対して「特に不利益を与える場合」であると国会（立法者）が判断したならば、その「特に不利益を蒙るであろう地方公共団体の住民」の投票にかけて、その住民の意思に任せるというのでは、これは「直接民主主義」という美名のもとに、その実は、立法府であり、立法者である国会（国会議員）の無責任な権限放棄であり、職務放棄なのではないでしょうか。

このような考え方に立っているのか否かは分かりませんが、憲法第九十五条に定める「地方自治特別法」は、前掲の「伊東国際観光温泉文化都市建設法の一部を改正する法律」が昭和二十七年（一九五二年）に住民投票により成立し、同年九月二十二日に公布されたのを最後として、以後、第百九十八回国会（常会）の最終日（令和元年（二〇一九年）六月二十六日）に至るまでの六十六年余にわたって、唯の一件も制定されてはいないのです。

ところで、国会に提出された法律（案）が地方自治特別法であるか否か、従って、その法律（案）を住民投票にかけるか否かの判断は国会がするのですが、前掲のような十六件の「地方自治特別法」の内容を検討してみたところ、これらの法律が「地方自治特別法」であると言うのならば、前述の最後の地方自治特別法制定後の法律である、例えば、「古都における歴史的風土の保存に関する特別措置法（昭和四十一年法律第一号）」や、「筑波研究学園都市建設法（昭和四十五年法律第七十三号）」などについてもやはり「地方自治特別法」と言っても何ら問題はないと思われます。

前述のように、国会に提案された法律（案）が「地方自治特別法」であるか否かの判断をするのはその法律案を審議し、議決する「国会」であると言っても、その議決すべき法律案が「地方自治特別法」か否かの判断基準があって然るべきなのですが、前述の宮沢教授が言われるように、「客観的で具体的な基準」はないのです。そのような事情もあってのことか、ＧＨＱの日本統治の終了とほぼ時を同じくして「地方自治特別法」の制定は無く、地方自治特別法として「伊東国際観光温泉文化都市建設法の一部を改正する法律（昭和二十七年法律第三百十二号）」の制定[1]の後は、今日に至るまでの六十六年の余、「地方自治特別法」の制定を見ないのです。これでは、憲法第九十五条は「死文化」したものと考えられます。

とにかく、第九十五条は、最高法規としての「法令統制規範」及び「国務統制規範」の機能すべき対象がない規定であり、従って、その存在意義が問われる訳なのです。

なお、産経新聞社著『国民の憲法』は、憲法第九十五条に相当する規定は設けてはいませんが、自民党改憲草案では、憲法第九十五条に相当する次の規定が設けてあります。

（地方自治特別法）

第九十七条　特定の地方自治体の組織、運営若しくは権能について他の地方自治体と異なる定めをし、又は特定の地方自治体の住民にのみ義務を課し、権利を制限する特別法は、法律の定めるところにより、その地方自治体の住民の投票において有効投票の過半数の同意を得なければ、制定することはできない。

注

（1）「地方自治特別法の一部改正法」も、その「一部改正される法律」が「地方自治特別法」である以上は、やはり地方自治特別法なのです。

第三分類　実定法を超越した理念理想的内容の憲法条文規定と最高法規性

①第九条・戦争放棄と自衛権行使との両立の可能性

憲法第九条第一項は「日本国民は、正義と秩序を基調とする国際平和を誠実に希求し、国権の発動たる戦争と、武力による威嚇又は武力の行使は、国際紛争を解決する手段としては、永久にこれを放棄する。」と定め、第二項は「前項の目的を達するため、陸海空軍その他の戦力は、これを保持しない。国の交戦権は、これを認めない。」と定めています。

この第一項は「侵略戦争」を放棄した規定であり、「自衛戦争」は放棄していないという解釈が成り立つ、と主張する説があります（これを「A」説とします）。これは、第一項中「国際紛争を解決する手段としては、」の文言が、その前の「武力による威嚇又は武力の行使は、」と言うところに係るのか、それとも、さらにその前の「国権の発動たる戦争と、」にまで係るのかという点を問題とする中で、A説は、「国際紛争を解決する手段としては、」の文言が「国権の発動たる戦争と、」

の記述にまでも係ると解するわけであります。ここで「国際紛争を解決する手段としては、」とは、国際法上の用語の意義としては「侵略戦争」を意味すると解されていますので、従って、A説は第九条第一項は、「国権の発動たる戦争と、武力による威嚇又は武力の行使は、侵略戦争としては、永久にこれを放棄する。」と規定していることになるわけですから、その反対解釈として、「国権の発動たる戦争と、武力による威嚇又は武力の行使は、自衛のためには放棄するものではない。」ということになるのです。

これに対して、第九条第一項は「侵略戦争及び自衛戦争を含めてすべての戦争等を放棄した」と解する説（これを「B」説とします）は、「国際紛争を解決する手段としては、」の文言は、その前の「武力による威嚇又は武力の行使は、」の文言にしか係らず、さらにその前の「国権の発動たる戦争と、」と言う文言には係らない、とする主張です。このため、「国権の発動たる戦争」（つまり、あらゆる戦争）は「永久にこれを放棄する。」と言うことになります。

このようにして、「国際紛争を解決する手段としては、」の文言がその前に記述しているどの文言にまで係るのかには、以上の二つの考え方に分かれているですが、この点は、第九条第一項の文言からは、どちらとも決め難いのです。

とにかく、この第九条第一項は、故意か、過失か、いずれにしても拙劣な表現の条文なのです。立法者が「自衛のためであるか否か」を問わず「すべての戦争、すべての武力による威嚇、すべての武力の行使」を永久に放棄する意思であるならば、「国際紛争を解決する手段としては、」の文言を除くことであり、次のように表現すればよいのです。

第九条　日本国民は、正義と秩序を基調とする国際平和を誠実に希求し、国権の発動たる戦争並びに武力による威嚇及び武力の行使は、永久にこれを放棄する。

これに対して、「戦争」だけは自衛のためであるか否かを問わず一切放棄するが、「武力による威嚇」及び「武力の行使」は、自衛のためならば認めると言うつもりであるならば次のように表現することができるのです。

第九条　日本国民は、正義と秩序を基調とする国際平和を誠実に希求し、国権の発動たる戦争並びに国際紛争を解決する手段としての武力による威嚇及び武力の行使は、永久にこれを放棄する。

次に、「自衛のための戦争、自衛のための武力による威嚇、自衛のための武力の行使」は認めること、換言すれば「国際紛争を解決する手段としての、戦争並びに、武力による威嚇及び武力の行使」は認めないと言うつもりであるならば、次のように表現することで良いのではないでしょうか。

第九条　日本国民は、正義と秩序を基調とする国際平和を誠実に希求し、国際紛争を解決する手段として、国権の発動たる戦争並びに武力による威嚇及び武力の行使は、永久にこれを放棄する。

ところで、前述のB説は、「国権の発動たる戦争」は侵略戦争及び自衛戦争を問わずあらゆる戦争を「永久にこれを放棄する」のですが、「武力による威嚇又は武力の行使は、侵略のためには永久にこれを放棄し、自衛のためならばこれを放棄しない。」という芸の細かい規定内容なのですが、実定法の規定としては観念的で、非現実的であります。A説は「自衛戦争」は「放棄していない」と解するわけですが、仮にこの説を認めるとしても、憲法の第九条以外のどの条文にも「国権の発動たる戦争」を想定した規定は見当たりません。この点、大日本帝国憲法では、第十一条が「天皇ハ陸海軍ヲ統帥ス」、と定め、第十二条は「天皇ハ陸海軍ノ編制及常備兵額ヲ定ム」、第十三条は「天皇ハ戦ヲ宣シ和ヲ講シ諸般ノ条約ヲ締結ス」と定めていました。これに対して、現行憲法にはそのような戦争を想定した規定は存在しないのです。一方では、憲法前文の第一段落では「……政府の行為によって再び戦争の惨禍が起ることのないやうにすることを決意し、……」とあり、第二段落では「日本国民は、恒久の平和を念願し、……平和を愛する諸国民の公正と信義に信頼して、われらの安全と生存を保持しようと決意した。われらは、平和を維持し、……国際社会において、名誉ある地位を占めたいと思ふ。」とか、「われらは、全世界の国民が、……平和のうちに生存する権利を有することを確認する。」と謳っています。

以上の点を考え合わせれば、第九条第一項は「自衛戦争」を含めてあらゆる戦争を放棄したものと解するのが相当であり、第九条第二項も、あらゆる戦争を放棄するという目的で「陸海空軍その他の戦力は、これを保持しない。」ということになるわけです。

ところがそうなると、当然、「自衛隊法（昭和二十九年法律第百六十五号）」は憲法第九条に違反抵触するのではないかという疑問が生じます。

この点について形式的に論ずれば、「自衛隊法」は政府提出の法律（閣法）であり、その後の「自衛隊法の一部改正法」、これは自衛隊法自身の一部改正法（これを「本法改正」と称する。）及び自衛隊法以外の法律による自衛隊法の一部改正（これを「他法改正」と称する。）を合わせた「自衛隊法の一部改正法」の制定件数は、昭和二十九年の自衛隊法制定以後の昭和年間で五十六件、平成元年以降も現在に至るまで（「平成三十年法律第十三号」まで）に九十八件、合計百五十四件の「自衛隊法の一部を改正する法律」が制定され、公布され、そして施行されているのです。そして、この「自衛隊法」と、その後にたびたび制定された「自衛隊法の一部改正法」はすべて政府から提出された法律案（閣法案）です。これは、何を意味するのか。それは、内閣が「自衛隊法案」を起案し、その後の百五十四件の「自衛隊法の一部改正法案」を起案して国会に提案したわけですから、国家機関である内閣は「自衛隊法」は憲法違反ではない、従って、自衛隊法に基づく自衛隊は憲法違反ではないと解釈しているわけです。また、「自衛隊法」及びその後の百五十四件の「自衛隊法の一部改正法」を議決・制定した国家機関である国会も同様に、自衛隊は憲法違反ではないと言う解釈をしているわけです。

このように、内閣も国会も自衛隊法は憲法違反ではないと解釈している理由は、憲法第九十九条は国務大臣及び国会議員の「憲法尊重擁護義務」を定めていますから、「内閣」及び「国会」は憲法違反の法律を国会に提案し、又は憲法違反の法律を議決成立させることはないからであります。この点を正確に言うならば、内閣も国会も「自衛隊法」を「憲法違反ではない」（憲法第九条違反ではない）と判断しているという推定が成り立ちます。従って、このことは、とりもなおさず、自衛隊法に基づいて組織されている「自衛隊」も憲法違反の存在ではないことを、国家機関である「内閣」及び「国会」は解釈していると推定できるわけなのです。

なお、ここで「推定する」と言いますのは、内閣も国会も、「法律の憲法適合性（違憲性）」を判断する「最終的な国家機関」ではなく、これは司法機関である「裁判所」の判断を待たなければならないからです。

それでは、司法機関の終審裁判所である最高裁判所は自衛隊法及び自衛隊の憲法適合性についてどう考えているのかと言うことですが、最高裁判所は未だにその判断を下していません。と言うよりも、自衛隊法及び自衛隊の憲法適合性の判断を慎重に回避していると思われるふしがあるのです[1]。

次に、自衛隊法及び自衛隊と憲法第九条との関係についての政府の考え方についてさらに言うならば、政府は、憲法第九条によっても日本国は「自衛権」までをも否定されているわけではないが、しかし、憲法第九条はすべての戦争を放棄しており、かつ、「戦力の保持」も禁止している以上、自衛権の行使は「戦力」に至らない実力（これを「自衛力」と称する）によるべきであるとしています。そして、この自衛権の行使は、我が国を防衛するための必要最小限度の範囲にとどめるべきであると政府は解するものですから、いわゆる「集団的自衛権」を行使することはその範囲を超えるものであり、憲法上許容されないと従来は解していたのでした。そして、憲法九条第二項の「前項の目的を達するため」とは、第一項の趣旨である「国際紛争を解決する手段」としての戦争、

「武力による威嚇又は武力の行使」を放棄したが、自衛権を放棄するものではないので、自衛のための必要最小限度の実力の行使は認められていると言うものです。第二項は、「戦力」の保持を禁止していますが、このことは「自衛のための必要最小限度の実力を保持すること」までも禁止する趣旨ではなく、これを超える実力を保持することは禁止する趣旨である、と解するのであります[2]。

もっとも、ここで「自衛のための必要最小限度の実力を保持すること」とはある種相対的な概念であり、我が国に対する侵略の度合いが強烈であれば、それに有効適切に対応し、反撃する度合いも強烈にならざるを得ないこととなるという、相対的なものでありますから、これは考えようによっては何らの限定、制限もないものとも考えられます。従って、例えば、侵略国が核武装、核兵器で我が国を攻撃する事態となるならば、この攻撃から我が国を自衛するためとしては、我が国も「核武装、核兵器」の所持及び行使に至ることも「必要最小限度の実力を保持する」ということの意味する範囲内であると考えられます。

この「自衛権」については、最高裁判所は、砂川事件の裁判で、昭和三十四年十二月十六日の大法廷判決が「憲法九条……により我が国が主権国として持つ固有の自衛権は何ら否定されたものではなく、わが憲法の平和主義は決して無防備、無抵抗を定めたものではないのである。」として、明確に「自衛権」を認め、憲法の「平和主義」が、「無防備、無抵抗」であるというものでないことを明らかにしているわけであります。

それでは、我が国が主権国として持つ固有の自衛権の行使として「無防備、無抵抗」ではなく、

第九条の定める制約下でどの程度の「防備及び抵抗」が可能なのか。この点を昭和四十八年九月七日札幌地方裁判所判決（長沼ナイキ基地訴訟第一審判決）は、「四、自衛権と軍事力によらない自衛行動」と題する箇所で次のように判示しています。

「……自衛権を保有し、これを行使することは直ちに軍事力による自衛に直結しなければならないものではない。まず、国家の安全保障（それは究極的には国民各人の生命、身体、財産などその生活の安全を守ることにほかならない）というものは、いうまでもなく、その国の国内の政治、経済、社会の諸問題や、外交、国際情勢といった国際問題と無関係であるはずがなく、むしろ、これらの諸問題の総合的な視野に立ってはじめてその目的を達成できるものである。そして、一国の安全保障が確保されるなによりも重要な基礎は、その国民一人一人が、確固とした平和への決意とともに、国の平和問題を正しく認識、理解し、たえず独善と偏狭を排して近隣諸国の公正と信義を信頼しつつ、社会体制の異同を越えて、これらと友好を保ち、そして、前記した国内、国際諸問題を考慮しながら、安全保障の方法を正しく判断して、国民全体が相協力していくこと以外にありえないことは多言を要しない。そしてこのような立場に立ったとき、はじめて国の安全保障の手段として、あたかも、軍事力だけが唯一必要不可なものであるかのような、一面的な考え方をぬぐい去ることができるのであって、わが国憲法も、このような理念に立脚するものであることは勿論である。そして、このような見地から、国家の自衛権の行使についてみると、つぎのような採ることのできる手段がある。……自衛権の行使は、たんに平和時における外交交渉によって外国からの侵害を未然に回避する方法のほか、危急の侵害に対し、本来国内の治安維持を目的とする警察をもってこれを排除する方法、民衆が武器をもって抵抗する群民蜂起の方法もあり、さらに、侵略国民の財産没収とか、侵略国民の国外追放といった例もそれにあたると認められ、また……非軍事的な自衛抵抗には数多くの方法があることも認めることができ、また人類の歴史にはかかる侵略者に対してその国民が、またその民族が、英知をしぼってこれに抵抗してきた数多くの事実を知ることができ、そして、それは、さらに将来ともその時代、その情況に応じて国民の英知と努力によってよりいっそう数多くの種類と方法が見出されていくべきものである。そして、前記した国際連合も、その創設以来二十有余年の歴史のなかで、いくつかの国際紛争において適切な警察行動をとり、双方の衝突を未然に防止できた事実もこれに付加することができる。」

以上のように、札幌地方裁判所の判決は、「自衛権と軍事力によらない自衛行動」という枠をはめた中での論理を展開し、憲法第九条により我が国は「戦争を放棄し、軍隊を保持しないこと」としており、一方では「侵略に対する自衛権は放棄していない」と解する立場を堅持していることから、外国から我が国に対する侵略があったときの「自衛権の行使」についてはこの判決のような結論に至るのでしょうが、これは全くもって「理屈倒れ」の典型的なものと言う以外の何物でもないと思います。警察による侵略の排除とか「群民蜂起」などが「侵略を排除」するのにどれ程の意味を持ち、どれ程の効果があるものなのか、結局のところこの「判決」は、我が国のように軍隊を保持しない国において、それでも「自衛権は有する」と言うことであるなれば、この判決のように

「軍事力によらない自衛行動」の手段しか採り得ず、その「自衛行動」とは具体的には右のような判決内容にならざるを得ないのかも知れません。しかし、現在において、他国から侵略され、これに対抗して自国を守るための自衛権発動として行う戦争とは、まさに「近代戦」なのであり、古代や中世の昔の戦ではないのです。侵略国の軍隊は核爆弾を搭載した長距離ミサイルによる爆撃が可能なのであり、自衛とは、これに対して立ち向かわなければならないのであります。右判決が想定しているような、武器である「弓や刀剣」を持った侵略国の軍隊を迎え撃つのとは訳が違うのです。

これは、言うまでもなく、「独立国として自衛権を有する」ことと憲法第九条の規定とはその究極においては相矛盾するものであり、結局は、憲法第九条のような規定内容は「実定法としての憲法」になじまない、「実定法としての憲法」に定めるべき内容のものではないのです。つまり、現実の国家、社会を規律するところの「実定法」であるべき「憲法」ではなくて、遥かに高邁な、「理想、理念」を法文化した一種の「理想規範」に過ぎないのです。このように理解しない限りは、「自衛隊法」や「自衛隊」は明らかに違憲無効となります。しかし、自衛隊法及び自衛隊を違憲無効とすることは日本国の存立に係る問題であり、違憲無効とするわけにはゆきません。従って、繰り返しますが、憲法第九条は「実定法」ではなく、単なる「理念、理想」を法文化したものにすぎないと考えるべきことから、憲法第九条は、「実定法」ではなく、従って「最高法規性」とは無縁の存在であり、従って、「法令統制規範」及び「国務統制規範」として機能するか否かなどとは問題外の議論と言うことになります。

憲法第九条に対して、創憲会議編『新憲法草案』は以下のような規定を設けています。

（国際平和主義、軍隊、徴兵制の禁止）

第三条　日本国民は、正義と秩序を基調とする国際平和を誠実に希求し、国権の発動たる戦争と武力による威嚇または武力の行使は、国際紛争を解決する手段としては、永久にこれを放棄する。

2　日本国は、国の独立と主権を守り、国民の生命、自由および財産を保護し、国の領土を保全し、ならびに国際社会の平和に寄与するため、軍隊を保持する。

3　軍隊の最高の指揮監督権は、内閣総理大臣に属する。

4　徴兵制は、これを設けない。

5　安全保障に関する事項は、法律でこれを定める。

右の第一項は現行憲法第九条第一項とほぼ同文であり、「国際紛争を解決する手段としては、」とあることから、「自衛戦争」は認める趣旨と解することができるか否か疑問の余地がありますが、第二項及び第三項で自衛戦争を認めていますので問題はありません。

次に、読売憲法改正案では現行憲法第九条に相当する規定を、同試案「第三章安全保障」において次の二箇条に分けて設けています。

（戦争の否認、大量破壊兵器の禁止）

第十一条　日本国民は正義と秩序を基調とする国際平和を誠実に希求し、国権の発動たる戦争と、

武力による威嚇又は武力の行使は、国際紛争を解決する手段としては、永久にこれを認めない。
2　日本国民は、非人道的な無差別大量破壊兵器が世界から廃絶されることを希求し、自らはこのような兵器を製造及び保有せず、また使用しない。
（自衛のための軍隊、文民統制、参加強制の否定）
第十二条　日本国は、自らの平和と独立を守り、その安全を保つため、自衛のための軍隊を持つことができる。
2　前項の軍隊の最高の指揮権は、内閣総理大臣に属する。
3　国民は、第一項の軍隊に、参加を強制されない。
右第十一条第一項も、やはり憲法第九条第一項とほぼ同文であり、唯、末尾を「認めない」と結んでおり、憲法第九条第一項の末尾が「放棄する」と表現している点で異なるだけです。このため、やはり、「戦争は侵略戦争を始めとしてすべて禁止するのか否か」と言う疑問は残りますが、第十二条で「自衛戦争」を肯定しているので、問題はありません。

一方、自民党改憲草案は憲法第九条に相当する規定を次のように設けています。

（平和主義）

第九条　日本国民は、正義と秩序を基調とする国際平和を誠実に希求し、国権の発動としての戦争を放棄し、武力による威嚇及び武力の行使は、国際紛争を解決する手段としては、用いない。
2　前項の規定は、自衛権の発動を妨げるものではない。

（国防軍）

第九条の二　我が国の平和と独立並びに国及び国民の安全を確保するため、内閣総理大臣を最高指揮権官とする国防軍を保持する。

2　国防軍は、前項の規定による任務を遂行する際は、法律の定めるところにより、国会の承認その他の統制に服する。

3　国防軍は、第一項に規定する任務を遂行するための活動のほか、法律の定めるところにより、国際社会の平和と安全を確保するために国際的に協調して行われる活動及び公の秩序を維持し、又は国民の生命若しくは自由を守るための活動を行うことができる。

4　前二項に定めるもののほか、国防軍の組織、統制及び機密の保持に関する事項は、法律で定める。

5　国防軍に属する軍人その他の公務員がその職務の実施に伴う罪又は国防軍の機密に関する罪を犯した場合の裁判を行うため、法律の定めるところにより、国防軍に審判所を置く。この場合においては、被告人が裁判所へ上訴する権利は、保障されなければならない。

右自民党改憲草案第九条第一項も憲法第九条第一項とほぼ同文でありますが、同条第二項では「自衛権の発動」を認めており、従って、「自衛戦争」を肯定しています。

さらに産経新聞社著『国民の憲法』では、憲法第九条に代わって「第三章国防」と言う章名で、次の二箇条を設けています。

（国際平和の希求）
第十五条　日本国は、正義と秩序を基調とする国際平和を誠実に希求し国が締結した条約および確立された国際法規に従って、国際紛争の平和的解決に努める。
（軍の保持、最高指揮権）
第十六条　国の独立と安全を守り国民を保護するとともに、国際平和に寄与するため、軍を保持する。
2　軍の最高指揮権は、内閣総理大臣が行使する。軍に対する政治の優位は確保されなければならない。
3　軍の構成および編成は、法律でこれを定める。
右案の第十五条は他の改正案と異なり、「日本国は、……国際紛争の平和的解決に努める」とありますが、勿論この「国際紛争の平和的解決」と言う文言は、現行憲法第九条第一項の「国際紛争を解決する手段としては」とは全く意味の異なるものであります。そして、第十六条には明確に「自衛戦争」を認めています。

注
（1）　砂川事件判決（昭和三十四年十二月十六日最高裁判所大法廷判決）など。
（2）　政府は現在、集団的自衛権を認める考え方に改めたわけであり、このことは周知のところです。

②第七十九条第二項・十年後に二度目の最高裁判所裁判官の国民審査を行うと言う間延びした制度

憲法第七十九条第二項は「最高裁判所の裁判官の任命は、その任命後初めて行はれる衆議院議員総選挙の際国民の審査に付し、その後十年を経過した後初めて行はれる衆議院議員総選挙の際更に審査に付し、その後も同様とする。」と定めています。同条第三項は「前項の場合において、投票者の多数が裁判官の罷免を可とするときは、その裁判官は、罷免される。」と定め、同条第四項は「審査に関する事項は、法律でこれを定める。」と定めています。これが「最高裁判所裁判官国民審査」の制度であり、日本国憲法が「代表民主主義（間接民主主義）」を原則としていることの憲法上の例外として、「憲法改正の国民投票」（第九十六条）及び「地方自治特別法の住民投票」（第九十五条）とともに「直接民主主義」を定めたものとして格別の評価がなされているものです。しかし、この制度は、国民が、審査の対象とされる最高裁判所裁判官が最高裁判所裁判官として相応しいか否か、と言うよりも端的に「最高裁判所裁判官として相応しくない」、つまり「罷免を可とする」と判断するならば「投票用紙の当該審査対象裁判官の欄」に「×」の記号を記載するものです。これに対して、「罷免を可としない」と判断する場合又は可否どちらとも判断がつかない場合には、審査対象裁判官の欄には何らの記載もしてはならない、という方式を採っています（最高裁判所裁判官国民審査法第十五条）。しかし、このような制度は、国民（投票権者・審査権者）が、国民審査の対象者が最高裁判所裁判官に相応しい者であるか否かを判断する能力を有しているという前提がなければならないわけであります。この点は、民主主義における国民の代表者を選出するための選挙権の行使の場合と比較して、専門的な知識、能力が要求されるものなのです。このためか、世界中の憲法を見渡しても、「ナショナル・レベルの憲法」にはこれと同様の制度は見当たらないのです。それはともかくとして、この制度も、マッカーサー草案に由来するものであり、同草案は次のように定めています(1)。

第七十一条　最高法院ハ首席判事及国会ノ定ムル員数ノ普通判事ヲ以テ構成ス右判事ハ凡テ内閣ニ依リ任命セラレ不都合ノ所為無キ限リ満七十歳ニ至ルマテ其ノ職ヲ免セラルルコト無カルヘシ但シ右任命ハ凡ヘテ任命後最初ノ総選挙ニ於テ、爾後ハ次ノ先位確認後十暦年経過直後行ハルル総選挙ニ於テ、審査セラルヘシ若シ選挙民カ判事ノ罷免ヲ多数決ヲ以テ議決シタルトキハ右判事の職ハ欠員ト為ルヘシ(2)。

右の「最高法院」とは、現行憲法の「最高裁判所」のことであり、このマッカーサー草案を基にした日本国憲法草案を第九十回帝国議会において審議したその過程で、貴族院の憲法委員会は、最高裁判所裁判官の国民審査の規定を削除しようとしたが、総司令部がそれを無条件に削除することに反対したので、削除はとりやめになった経緯があります。

この国民審査制度については、次のような存置論及び廃止論があります(3)。

〈存置論〉

①この制度は、国民が国会議員を選挙し、その国会議員から構成される国会が内閣総理大臣を指名することにより、立法部と行政部の選任を究極において国民の意思にかからしめていることに対応して、司法部をも国民の意思に基づかしめようとするところに国民主権の具体化として極めて重要な意義をもつものであること。また、この制度により、裁判所と国民との間に直接のつながりをもたせることができ、裁判所を国民の裁判所たらしめるうえにも意義があること。

②裁判官について任命制をとっているかぎり、その罷免にあたって国民審査制をとることは、無言のうちに任命の適正を守る大きな圧力をもち有意義であること。

③これを廃止すべしとする主張は、国民に裁判官の適否の判断能力がないことを理由とするが、国民が判断することを要するのは、罷免すべきかどうかであり、罷免に値する理由としては、例えば道徳的な事柄等が考えられるが、これについては国民が判断能力を欠くとはいえないこと。

④多額の費用を要するといわれるが、第一回のときは別として、それ以降は必ずしも多額の経費を要しないこと。

⑤この制度によって国民の司法に対する認識と近親感を強め、国民に対する司法教育に役立つこと。

⑥この制度の短所は、世論に抗して判決を下した識見の高い裁判官が国民審査の結果罷免される

危険を伴うこと。裁判官が国民審査をおそれ、不羈独立の良心的態度を失うということの二つであろうが、これらいずれの弊害も我が国では起こっていないこと。

〈廃止論〉

①国民は裁判官の人格、識見、意見等を知った上で、その適否を判断するということはできないのが普通であるから、国民に審査させるということは無意味であること。

②裁判官がその時々の世論に動かされ、独立心を失うということが将来おこるかも知れないこと。

③この制度は、政治的に悪用されるおそれがあり、また、それによって裁判官の独立がおびやかされることになること。

④多額の費用を要すること。

⑤この制度は裁判所と国民との間につながりをつけるものであるといわれるが、国民が形式的に投票するだけで、はたしてつながりができるかは疑問であり、また、そういうつながりをつけなければならないかは疑問である。

⑥このような制度はかえって国民に選挙や投票の意義を誤解させることになること。

⑦リコールという制度は、地域が狭くないと効果を奏しないものであり、全国的な規模でのリコールは無理であること。

⑧裁判官が選挙によって選任されるものであれば、これをリコールによって罷免することも合理的であるが、罷免のときだけ国民審査に付することとするのは不合理であること。

⑨国民審査の手続きにも非常に欠陥及び弊害があること。すなわち適否の判断がつかないため何の記載もしないという場合にも、それが罷免を可としない票となることは不合理である。この点は、国民審査法の問題であるとする意見もあるが、はたしてこれにかわるべき合理的な投票方法が考えられるかどうか疑わしいこと。

⑩この制度は国民主権主義の表現であるから存置すべきであるという意見があるが、国民主権という原理を、ただ理論的に徹底させるだけで、民主主義として徹底すると考えるのは、あまりにも単純すぎるものであること。この制度はあまりにも形式的、観念的であり、理想にのみ走りすぎた制度であること。

以上、両論を紹介しましたが、「存置論」①は、国民審査制度の目的を説いていますが、問題は最高裁判所裁判官の審査を行う国民がどれだけこの制度を理解しているか、また、国民が最高裁判所裁判官に相応しい人物を正しく判断するだけの十分な能力があるか否かと言うことであり、この点は国会議員を選挙する能力とは異なる能力が要求されることを看過してはならないと思います。次に、存置論の②は、国民審査制度が「無言のうちに任命の適正を守る大きな圧力をもち有意義である」と説いていますが、それには、「国民が最高裁判所裁判官に相応しい人物を正しく判断できる」という前提がなければならないと思われます。もしそうでなければ、②は、単なる理想を説いているにすぎないと思われます。③は、最高裁判所裁判官の国民審査の「審査基準」として「裁判官の道徳的事柄」を挙げていますが、これは裁判官弾劾法第二条第二号が「その職務の内外を問わず、裁判官として、威信を著しく失うべき非行があったとき。」を、その裁判官（最高裁判所裁判官を含めて）の弾劾により罷免することのできる「罷免事由」と定めているのですから、それをさらに「国民審査」の「審査基準」とすることは無用な重複です。④は、例えば第百六十四回国会（常会）において国会に提出された「平成十七年度一般会計予備費使用総調書及び各省各庁所管使用調書（その二）」によりますと、「最高裁判所裁判官国民審査費」は六億千七百四十八万三千円が計上されているのでありますから、「多額の費用を要する」という廃止説④の主張の方が真実であります。⑤は、この制度により「国民に対する司法教育に役立つ」と説きますが、これは理想であり願望であるに過ぎないと思われます。⑥は、国民審査による弊害が我が国において生じていないと説きますが、これは従来から国民がこの国民審査制度には余り関心がないことによるのであって、将来、この制度の動向によっては弊害が問題となり得るものと考えられるのではないでしょうか。現に、平成二十三年十月十五日付読売新聞朝刊には、弁護士等外三十六名で構成する「一人一票実現国民会議」なる団体が、同年三月二十三日の最高裁判所大法廷判決で「一人一票」に反対した六人の最高裁判所裁判官の名前を挙げて、次の衆議院議員総選挙と同時に行われる最高裁判所裁判官国民審査で、これら六人の最高裁判所裁判官を罷免する旨を呼びかけている公告を出しているのです。さらに、平成二十六年十二月十六日の衆議院議員総選挙の際行われる最高裁判所裁判官国民審査においても特定の裁判官を名指して「罷免」すべきことの呼びかけの公告が某新聞紙上に掲載されました。このように名指しで特定の裁判官の判決の一部分だけを捉えて、しかも極めて一方的な理由でもって国民審査の際に当該裁判官を罷免すべきことを慫慂宣伝することは極めて危険な世論操作誘導であり、「最高裁判所裁判官国民審査制度」は政争の具となり、ひいては司法権の中立性を危うくするおそれがあると思われます。

最高裁判所裁判官の国民審査は、昭和二十四年一月二十三日に第一回の国民審査が行われ、平成二十九年十月二十二日に行われた国民審査が第二十四回で、最新のものであります。この間において、「罷免を可とされた裁判官」は一人もおりません。これは、国民審査をする国民が、その審査の対象である最高裁判所裁判官が「最高裁判所裁判官として相応しい」と判断した結果と言うよりは、「最高裁判所裁判官として相応しいか否かを判断できない」ことからもたらされた結果であると考えるのが相当と思われます。

ここで、改めて憲法第七十九条第二項を見ますと「最高裁判所の裁判官は、その任命後初めて行はれる衆議院議員総選挙の際国民の審査に付し、その後十年を経過した後初めて行はれる衆議院議員総選挙の際更に審査に付し、その後も同様とする。」と定めており、この制度は、憲法が「代表民主主義（間接民主主義）」を原則としていることに対する数少ない例外としての「直接民主主義」を定めたものとして、そのこと自体が一定の評価を得ているわけですが、憲法第七十九条第二項は問題を孕んだ規定内容なのであります。先ず、国民審査の機会がなぜに最高裁判所裁判官に任命された後「初めて行はれる衆議院議員総選挙の際」と言うように、「衆議院議員総選挙」と同時でなければならないのかです。おそらくは、国民審査を行う「国民」の便宜を考慮したためなのだと思います。しかし、前述のように「直接民主主義の数少ない発現の場」であるにもかかわらず、国民の便宜のためなどと気を利かしたことがかえって立法者の意図に反して、選挙民（国民審査の審査者たる国民）は衆議院議員総選挙の方にだけ関心を向けてしまう傾向があり、国民審査の方は、なおざりにされてしまっているのが実態なのです。

また、この制度が代表民主主義の例外としての「直接民主主義」の発現の場であるということは評価されるとしても、それならば、この「国民審査」のために「独自の投票日」を設定すべきではないか。それを「衆議院議員総選挙」の日に（合わせて）行うこととしたため、この制度の運用を極めて硬直化したものとしているのであります。例えば、最高裁判所裁判官に任命されてまだ日が浅い者がこの国民審査の審査に付される場合があり得るわけで、その場合には、当該裁判官は最高裁判所裁判官としての「判決」を下す機会が皆無ということが当然にあり得ます。そうなると審査する国民にとっては判断の資料、手段を欠くことになるわけです(4)。さらにまた、憲法は最高裁判所裁判官の「定年」を規定していますから、このため、一度、この国民審査を受けた最高裁判所裁判官は、二度目の国民審査の機会が巡ってくる前には定年退官となる例がこれまでも数多く見られ、二度目の国民審査を経験した裁判官は極めて少数であり(5)、三度目の国民審査を受けた裁判官はこれまで皆無です。また、この制度では、一度も国民審査を受けることのない最高裁判所裁判官の出現も十分にあり得るところなのです(6)。

また、この制度では、一度国民審査に付されると、「十年後で、しかも衆議院議員総選挙の際に二度目の国民審査」に付されるのですから、一度目と二度目との間隔が「十年余」もあるわけで、これは我が国の公務員制度全体から見ても明らかなように、最高裁判所裁判官のような極めて高い地位に「十年余の間」も在職することは極めて異例かつ、稀有なことなのです(7)。どうもこの憲法の立法者は、一方では最高裁判所裁判官の「定年制」を定めておきながら、そのことを失念して、最高裁判所裁判官の「終身制」を念頭に置いて第七十九条第二項を設けたかのように思われてなりません。

繰り返しますが、一度国民審査を受けてから次の国民審査に付されるのが「十年余後」ということは、審査をする国民にとっても審査の機会を十分に保障されているものとは到底考えられません。この国民審査の間隔は、これを三年とか五年とするならばともかくとして十年余の間隔をもって国民審査を行うと言う制度は、立法政策的に見て全く適切さを欠くものと思われます。

次に、衆議院議員総選挙における「期日前投票」を行う際にも最高裁判所裁判官の国民審査はできることになっています。衆議院議員総選挙の「期日前投票」は「公示の日の翌日から当該選挙の投票日の前日まで」にできるのですが（公職選挙法第四十八条の二第一項）、総選挙の「公示の日」は「投票の日より少なくとも十二日前」なのです（同法第三十一条第四項）。一方、最高裁判所裁判官国民審査の「審査のための期日前投票」は、総選挙の投票日の七日前からしかできないのです（最高裁判所裁判官国民審査法施行令第十四条）。このため、総選挙の投票日よりも八日以上前に「期日前投票」をする者は最高裁判所裁判官の国民審査の「審査のための投票」はできないという仕組になっています。そうなると、これは憲法第十四条第一項の違反のおそれがあります。この憲法違反のおそれを回避するためには、前述の最高裁判所裁判官国民審査法施行令第十四条の「審査の期日前七日から」を「公職選挙法第三十一条第四項に規定する当該総選挙の公示の日の翌日から」に改めるべきでなのです。もっとも、右の「最高裁判所裁判官の期日前投票制度」は、最近、改正されたと言うことで、憲法違反の疑いは払拭されたと思われますが、この改正前は前述の「最高裁判所裁判官国民審査の期日前投票制度」には「憲法違反」と言う主張は余り聞かれませんでした。それは、国民一般が「最高裁判所裁判官国民審査制度」に対しほとんど関心がないことが大きな原因であり、これは、ひいては憲法第七十九条第二項の「国民審査制度」に関して「規範意識」が希薄であること、従って、第七十九条第二項及び第三項は「最高法規」としての「法令統制規範」及び「国務統制規範」が機能していないことの明らかな証拠にほかなりません。

創憲会議編『新憲法草案』は、最高裁判所裁判官国民審査制度に相当する規定はありません。読売憲法改正案にも、最高裁判所裁判官国民審査制度について何ら規定することはなく、産経新聞社著『国民の憲法』も、国民審査制度はありません。一方、自民党改憲草案は国民審査制度を定めており、同草案第七十九条第二項では、憲法が、最高裁判所裁判官に任命された直後に国民審査を受け、その後の国民審査を「十年を経過した後初めて行はれる衆議院議員総選挙の際」と定めている不合理さを改め、次のように定めています。

2　最高裁判所の裁判官は、その任命後、法律の定めるところにより、国民の審査を受けなけれ

ばならない。
自民党改憲草案の右の規定の「法律の定めるところ」とは、より適切な短い間隔を設けて、国民審査の適切な回数等が定められるものと思われます。

注

（1）アメリカ合衆国憲法にもこのような制度は定められてはなく、若干の州で、州の最高裁判所裁判官の州民投票のような制度はあると言われています。

（2）「衆議院議員総選挙」と表現しないで、単に「総選挙」と表現しているのは、マッカーサー草案では「国会」を「一院制」としているからなのです。

（3）これは、憲法調査会法（昭和三十一年法律第百四十号）により設立された「憲法調査会」の事務局によってまとめられた「憲法調査会報告書の概要」百七十四頁の記載内容を引用しました。

（4）最高裁判所裁判官に任命される者はすべてが下級裁判所の裁判官であるわけではなく、弁護士、検察官、外交官その他の公務員の場合もあり、これらの者が最高裁判所裁判官に任命されて日が浅い時に国民審査にかけられる場合には、最高裁判所裁判官としての判決の機会が無く、また、任命前に裁判官ではなかった者には下級裁判所裁判官としての判決の機会は無いのですから、その場合には国民審査を行う国民にとっては審査のために必要な判断材料がほとんど無いことになります。

（5）最高裁判所裁判官は任命される年齢は四十歳以上であり、定年は七十歳（裁判所法第四十一条第一項、第五十条）ですが、現実には最高裁判所裁判官に任命される年齢は大体六十五歳前後が多く、一度国民審査に付されると二度目の国民審査を待たずに定年退官となるわけです。

（6）現行憲法施行の初期の頃に最高裁判所裁判官であった庄野利一氏は、昭和二十二年八月四日に最高裁判所裁判官に就任し、翌年六月二十八日に依願退官をしました。この間には衆議院議員総選挙はありませんでした。また、穂積重遠氏は、昭和二十四年二月二十六日に最高裁判所裁判官に就任し、昭和二十六年七月二十九日在官中に死去しました。この間には衆議院議員総選挙はありませんでした。従って、この二人の最高裁判所裁判官は一度も国民審査に付されることはなかったのです。

（7）公務員の地位について言えば、最高の地位は、三権分立のその三権を担う国家機関の頂点に立つ者であり、立法府の頂点に立つのは、衆議院及び参議院の各議長であり、行政府では、内閣総理大臣、司法府では、最高裁判所長官であります。次に、第二順位は、立法府では、衆議院及び参議院の各副議長であり、行政府では、内閣総理大臣以外の各国務大臣、司法府では、最高裁判所長官以外の最高裁判所裁判官であります。従って、最高裁判所裁判官の国民審査の審査の対象となるのは、司法府では第一順位である「最高裁判所長官及び第二順位の（長官を除く）最高裁判所裁判官」なわけですが、このような高位高官の地位に十年間余も在職することは、わが国の公務員制度上これまでも例はなく今後もあり得ないと思われます。ちなみに、憲法の基となったマッカーサー草案の起草者達の母国アメリカ合衆国の連邦最高裁判所裁判官について言えば、この連邦最高裁判所裁判官には定年制はなく終身制なのです。

③第八十六条・予算単年度主義の欠点を繕う暫定予算・継続費、繕うことの不可能な予算の空白

憲法第八十六条は、「内閣は、毎会計年度の予算を作成し、国会に提出して、その審議を受け議決を経なければならない。」と定めています。これは、国民から対価なくして徴収した金銭財物の使い方を決めることは、国民の代表者で構成する国会の権限とすることがまさに民主主義なのであり、この財政民主主義を定めたのが第八十六条なのです。また、この「予算」は「法律」とは異なり、「単年度主義」であり、そうすることにより、毎年、予算を国民の代表者の「審議・議決」にかけることになり、「予算」を毎年「審議・議決」することは、それだけ「財政民主主義」が徹底すると言うものであります。また、予算の「単年度主義」とは、予算はその予算年度においてのみその効力を有すると言うことであります。しかし、そのためには、新予算年度開始時には既に、その「新年度予算」が承認議決されていなければならないわけです。予算年度は、我が国では一月一日から始まる暦年よりも三ヶ月のずれがあり、毎年四月一日から翌年三月三十一日までとなっています。このため、毎年度の予算は、遅くとも予算年度の開始する前日、つまり、三月三十一日までには成立していなければならないことになるわけです。しかし、政治情勢その他の理由により、その年度の予算の成立が年度開始日よりも遅れる場合があります。例えば、七日位遅れる事態が予想

されるとしますと、これに対処するために、かっての大日本帝国憲法では、「帝国議会ニ於テ予算ヲ議定セス又ハ予算成立ニ至ラサルトキハ政府ハ前年度ノ予算ヲ施行スヘシ」（同法第七十一条）と定めていました。しかし、現行憲法では、財政民主主義の原則を徹底することから、大日本帝国憲法のような「前年度予算施行」の措置を採るようなことは定めてはいません。しかし、そうなると、新予算年度が到来したのに「新年度予算」が成立していないと言う不都合が生じ、このような場合には、もとより、この不都合な事態は回避しなければならないわけですから、財政法において、次のような「暫定予算」の制度を設けているのです。

第三十条　内閣は、必要に応じて、一会計年度のうちの一定期間に係る暫定予算を作成し、これを国会に提出することができる。

②暫定予算は、当該年度の予算が成立したときは、失効するものとし、暫定予算に基く支出又はこれに基く債務の負担があるときは、これを当該年度の予算に基いてなしたものとみなす。

「暫定予算」制度は、国が法律上の支出義務を負っているものについてだけ、その財政的支出を定めるものであり、「政策費」のようなものは暫定予算には計上されません。

また、「暫定予算」は、新予算年度が始まる時までに「新年度予算」が成立する見込みのない場合には必ず「暫定予算」が内閣で作成されるというものでもなく、そしてまた、仮に、暫定予算が作成されて国会に提出されたとしても、必ずしもそれが国会で審議され承認・議決されるとは限らないのです。

この点、過去の例によれば、新会計年度に入って二、三日の後に新年度予算の承認・議決が見込まれると言うような政治情勢の場合には、内閣は敢えて「暫定予算」を国会に提出することはありません。そうなると、新会計年度が開始し、それから二、三日が経過するまでの間は、我が国において「予算」が存在しないという事態になるわけであり、これがいわゆる「予算の空白」と称する事態なのです。

これまでに「予算の空白」が生じた事例としては、次に掲げるものが挙げられます。

(イ) 昭和五十三年度予算は、同年四月四日に成立したのですが、この間「暫定予算」はなかったために四月一日から四日までの間は「予算の空白」が生じました。

(ロ) 昭和五十四年度予算は、四月三日に成立したのですが、この間「暫定予算」はなかったために四月一日から三日までの間は「予算の空白」が生じました。

(ハ) 昭和五十五年度予算は、四月四日に成立したのですが、この間「暫定予算」はなかったために四月一日から四日までの間は「予算の空白」が生じました。

(ニ) 昭和五十六年度予算は、四月二日に成立したのですが、この間「暫定予算」はなかったために四月一日及び二日は「予算の空白」が生じました。

(ホ) 昭和五十七年度予算は、四月五日に成立したのですが、この間「暫定予算」がなかったために四月一日から五日までの間は「予算の空白」が生じました。

以上のような「予算の空白」の時でも、法律上、国費を支出しなければならないことがあります。

予算が成立していないからその間は国費を支出できないと言うのでは、国が「債務不履行」責任を問われることになります。このため、国の側としては、次のような措置を講じてきました。

①監獄法[1]に基づき支給される被収容者の作業賞与金等については、第三者による立替え（矯正施設ごとの職員（国家公務員）の積立金）で対処しました。

②供託法に基づく供託金の利子の支払については、予算決算会計令により供託金（歳入歳出外現金）の繰替使用で対処しました。

③郵便貯金法に基づく支払利子、定額貯金割増金及び簡易生命保険法に基づく還付金等の支払については、予算決算及び会計令による郵便官署における現金の繰替使用で対処しました。

④失業給付金等は、雇用保険法等に基づき四週間に一回ごと指定された日に支給されることになっており、前年度歳出予算の残を使用して支払い、予算成立後に年度更正を行って対処しました。

⑤生活保護費は、受給者への支払及び支払日の決定は、各都道府県等が行っており、毎月五日が大半を占めています。そこで支払日から補助金交付決定の日までの間の国庫負担分については、予算成立後速やかに交付決定することにしています。

⑥刑事訴訟費用等に関する法律等に基づいて出頭する証人等についての日当は、予算成立後精算払いをしました。

⑦刑事訴訟費用等に関する法律に基づく国選弁護人に支給する費用は、予算成立後に後払いをし

ました。
⑧資金運用部資金法に基づく「資金運用部預託金利子」の支払については、予算成立後に後払いをしました。
⑨立法事務費は、国会における各会派に対する立法事務費の交付に関する規程により毎月一日に交付されることになっていますが、両議院議長裁決により、予算成立の日の翌日まで交付期日を延期しました。
⑩国会職員の給与は、国会職員の給与等に関する規程により毎月五日に支給されることになっていますが、両院の事務総長及び国立国会図書館長の決裁により、予算成立の翌日まで支給日を延期しました。
⑪参議院速記生徒手当は、国会職員の給与等の支払日の延期の取扱に準じて対処しました。
⑫刑務所等の被収容者、国立更生援護機関入所者等の食糧費は、前年度からの持越食糧により対処しました。
⑬国立学校、国立病院等の医薬品等購入費は、前年度からの持越医薬品等により対処しました。
次に、憲法は、財政民主主義の原則から「予算単年度主義」を定めていますが、その例外と言うべき「継続費」の制度が、「財政法」と言う「法律の次元」で定められており、財政法は「継続費」につき、次のように定めています。
第十四条の二　国は、工事、製造その他の事業で、その完成に数年度を要するものについて、特

に必要がある場合においては、経費の総額及び年割額を定め、予め国会の議決を経て、その議決するところに従い、数年度にわたって支出することができる。

2　前項の規定により国が支出することができる年限は、当該会計年度以降五箇年度以内とする。但し、予算を以て、国会の議決を経て更にその年限を延長することができる。

3　前二項の規定により支出することができる経費は、これを継続費という。

4　前三項の規定は、国会が、継続費成立後の会計年度の予算の審議において、当該継続費につき重ねて審議することを妨げるものではない。

このように、財政法に規定する「継続費」は、数年度にわたって国費の支出を余儀なくされるものについては、その数年度分の支出をあらかじめ国会の議決に係らしめる制度ですが、これは憲法の「財政民主主義」の原則により、予算・国費の支出については毎年国会の議決が必要なのであり（憲法第八十六条）、国民の税金の使途を「予算」という形でもって、国民の代表者で構成する国会が審議する機会を多く確保することが、まさに「予算単年度主義」を採用している理由なのです。その例外が「継続費」の制度なのです。ところが、財政法で「継続費」の制度を定めていると言うことは、憲法が財政民主主義（第八十三条及び第八十六条）の原則を定めているにもかかわらず、その憲法の規定する「財政民主主義」の大原則である「予算単年度主義」の例外である「継続費」制度を憲法自らが定めるならば問題はないのですが、「財政法」という「法律」で定めているのであり、これが問題なのであります。憲法は「予算単年度主義」という原則を定めたのであるならば、その例外である「継続費」と言う制度についても当然に憲法で定めなければならないわけなのです。それにもかかわらず、憲法よりも下位の法規である「財政法」という法律で定めているのですから、この「継続費」を定める財政法第十四条の二は明らかに憲法第八十六条に違反すると言うことになるのです。

もっとも、このような憲法違反と言うことについては、立法者も気掛かりであったようであり、そこで、この「継続費」を定める財政法第十四条の二第四項には「前三項の規定は、国会が、継続費成立後の会計年度の予算の審議において、当該継続費につき重ねて審議することを妨げるものではない。」と定めました。従って「継続費（予算）」の成立後も、その継続費の継続期間中毎年重ねて審議することを認めることとして、憲法第八十六条に規定する「予算の単年度主義」の原則には違反しないとの配慮を示した、と言うか、言い訳をしたのでしょうか。

なお、継続費については、大日本帝国憲法では第六十八条で「特別ノ須要ニ因リ政府ハ予メ年限ヲ定メ継続費トシテ帝国議会ノ協賛ヲ求ムルコトヲ得」と定めていました。勿論、大日本帝国憲法においても、近代憲法に相応しく「予算の単年度主義」を第六十四条第一項で定めていたのですが、さらに大日本帝国憲法はその例外としての「継続費」についても、法律ではなくて憲法自ら第六十八条で定めていたのです。ここが注目すべき点なのであって、十九世紀に制定された大日本帝国憲法の方が、論理的で緻密な立法なのです。

とにかく日本国憲法は「財政民主主義」に対する思い入れが強い反面、一方では、それがもたらす不都合な事態についての対応に欠けること甚だしく、このため、「財政法」という法律の次元で「暫定予算」や「継続費」の制度を設けることによって財政民主主義がもたらす不都合な事態を回避しようとしたと言えます。しかし、繰り返しになりますが、これらの制度は「法律」ではなくて「憲法」自体に規定すべきものなのであります。それを憲法ではなく、財政法で「継続費」を規定していると言うことは、本来、憲法が規定すべき事項が憲法に規定されることがなく、「憲法」の足らざるところを「法律」でもって補っているわけであり、「憲法」の定める「財政民主主義」の原則がもたらす不都合な事態を、「法律」の規定によって補足すると言うことになるわけでありまず。

従って、このことは問題がないように思われますが、憲法の不都合、不合理な条文規定について、その不都合さ、不合理性を憲法改正によって改めることをせずに、専ら、憲法よりも下位の法規である「法律」によって補足・改変するなどということは、本来、有り得ない、許されない立法措置なのであり、言わば「憲法改正蟬脱《せんだつ》行為」なのです。こんなことでは憲法の改正規定（第九十六条）は何のために存在するのか、憲法の最高法規性（第九十八条第一項、第八十一条）の存在意義が改めて問われる局面であります。

さらに言えば、憲法第八十三条及び第八十六条の規定は、憲法の「最高法規性」の見地からして、「法令統制規範」及び「国務統制規範」としての法令統制機能及び国務統制機能が極めて不完全なものであることを明白に証明するものとなっているのです。

なお、「継続費」は、読売憲法改正案は、第百六条において「予算案」と言う条文の見出しを付して、第一項が予算の単年度主義を定め、第二項がその例外としての「継続費」を、次のように定めています。

2　継続支出の必要があるときは、年限を定め、継続費として国会の議決を得なければならない。

一方、自民党改憲草案では、「継続費」と言う明確な表現ではないのですが、「暫定予算」、継続費及び「予算の空白」についての前述のような不都合さを回避するため、次のような定めをしています。

（予算）

第八十六条　内閣は、毎会計年度の予算案を作成し、国会に提出して、その審議を受け、議決を経なければならない。

2　内閣は、毎会計年度中において、予算を補正するための予算案を提出することができる。

3　当該会計年度開始前に第一項の議決を得られる見込みがないと認めるときは、暫定期間に係る予算案を提出しなければならない。

4　毎会計年度の予算は、法律の定めるところにより、国会の議決を経て、翌年度以降の年度においても支出することができる。

以上の憲法改正案に対して、産経新聞社著『国民の憲法』は、憲法下の前述のような不都合さを解消すべく、「継続費」及び「予算不成立の場合の措置」を定めています。

（継続費および予備費）

第百一条　複数年度にわたる支出が必要な事業については、年限および総額を定めて継続費とし、国会に提出して、その議決を経なければならない。

（第二項及び第三項省略）

（予算不成立の場合の措置）

第百三条　会計年度が終了するまでに、翌年度の予算が成立しないときは、内閣は、法律の定めるところにより、暫定期間に限り、特別に必要と認める支出を行うことができる。

2　内閣は、前項の支出について、予算の成立後、国会の承認を経ることを必要とする。

注

（1）　監獄法は、全部改正になり、同法律は「刑事収容施設及び被収容者等の処遇に関する法律（平成十七年法律第五十号）」に承継されました。

第四分類　憲法の条文規定の拙劣さと最高法規性

①第十四条第三項前段・文化功労者は栄誉・勲章・栄典ではないのか

憲法第十四条第三項前段は「栄誉、勲章その他の栄典の授与は、いかなる特権も伴はない。」と定めています。しかし、文化勲章の受章者には、文化功労者年金法により年額三百五十万円の年金が終身支給されるのです。そうなると、この年金の支給を受けることは、まさに「文化勲章の受章」という「栄典の授与」に伴う経済的特権と言うことになり、「いかなる特権も伴はない」と定めている憲法第十四条第三項前段に違反するのではないかという疑問が生じます。

この点に関して、宮沢俊義教授は、ここでいう「特権」とはあらゆる特権を指すものではなく、民主主義社会における「栄典」にふさわしくない特権を否定するのが狙いであること、従って、世襲的な特権は否定されること、また、世襲的な特権でなくても民主主義社会における「栄典」にふさわしくないと考えられる特典、例えば、国会の終身議員にすることはおそらくここにいう「特権」に含まれる。これに反して、年金のような単なる経済的利益はここにいう「特権」には含まれないと解すべきであろう、と説いています（宮沢俊義著・芦部信喜補訂『全訂日本国憲法』二百十六頁・二百十七頁）。

この宮沢説では、憲法が禁止する「特権」とは民主主義の理念に反するような「特権」であり、これには「世襲的特権」とか、終身国会議員の地位を認めるとかいうような「特権」を否定するものであり、「経済的特権」、例えば「年金」の支給を終身受けると言うようなものは民主主義の理念に反するものではないから、憲法の禁止する「特権」ではないと解するわけであり、非常に説得力に富む考え方ではあると思われます。しかし、第十四条第三項前段は「栄誉、勲章その他の栄典の授与は、いかなる特権も伴はない。」と定めているように、この「いかなる特権も伴はない」の文言からは、宮沢説が説くような経済的特権は「特権ではない」と言い切れるのでしょうか。この点、さらに宮沢説は次のようにも説いています。

立法者は、文化勲章の受章者に年金を与えることは、勲章に「特権」を伴わせることになると考えたのであろうか、別に文化功労者年金法によって文化に功労のあった者に年金を支給している。文化功労者という地位は、本条にいう「栄典」の一種と見るべきである。文化勲章の受領者は全部文化功労者である（宮沢著前掲書、二百十六頁）。

この宮沢説によれば、「年金」のような「経済的特権」は民主主義の理念に反するものではないから、本条が禁止する「特権」ではなくなる、と主張するわけであり、実に説得力に富む考え方であり、このように説く限りでは憲法違反の問題はないように思われますが、「いかなる特権も伴はない」と定めているのに対して「民主主義の理念に反しない特権」は許容されると説くことは、そこまで説かれるとなれば、憲法の条文の文言解釈としては、その解釈の「限界を超えて、立法論」を説くことになるではないでしょうか。

この点、文化勲章の受章者に支給されている「年金」が特権に当たらないと解することにはやはり躊躇いがあってか、実務の運用においては、「文化勲章の受章者」は、必ず、「文化功労者」とすることにしています[1]。そして、前述の「年金給付」をするのは「文化勲章受章者」に対してするものではなく、「(文化勲章受章者である) 文化功労者」に対してするものである、と言うことにするのです。このような措置が執られることにより憲法違反の問題を回避しているように思われます。しかし、先の宮沢説の説くように、「文化功労者」となることもまた「栄典」の一つであることは否定できないと思います。そうであるならば、依然として憲法違反の疑いは残ると思います。

しかしながら、文化勲章受章者に対する年金の支給が憲法違反であると言う主張は、それほど有力なものではないように思われます。その理由は、取りも直さず、第十四条第三項前段の規定それ自体が適切さ、合理性を欠くものだからなのです。そして、このことは、ひいては、憲法第十四条第三項前段が本質的に最高法規としての憲法の、「法令統制規範」及び「国務統制規範」が機能していないということに他ならないのです。

要するに、第十四条第三項前段は、不用意にも、また、あまりにも安易に、そして、御丁寧に「いかなる特権も伴はない」と定めたことから、合理的な理由に基づく例外を定める余地を無くしているということなのであり、極めて拙劣な立法であると思われます。

そこで、繰り返しますが、宮沢教授の説く「民主主義の理念に反する特権がここで言う禁止される特権である」と言えるように、「栄誉、栄典その他の栄典の授与は、特権を伴うものではない。」とする表現の程度であれば、合理的な理由に基づく例外として年金支給を受けることも制度的に認められることになるのです。

かくして、宮沢教授が説くように、民主主義の理念に反しないような経済的利益の供与は認められることになるのですから、現在行われているように栄典を授与された者には年額三百五十万円の支給を受けることは問題はないことになります。もっとも、「経済的特権は民主主義の理念に反しない」と言っても、この経済的特権は合理的な範囲に限られるべきであり、もしこれが、王侯貴族のような贅沢三昧な生活ができる高額な年金支給と言うことであるならば、それはやはり憲法第十四条第三項の定める「特権」となります。なお、この点に関して、読売憲法改正案第十九条は「法の下の平等」と言う条文の見出しで、第三項を次のように定めています。

3　栄誉、勲章その他の栄典の授与は、いかなる特権も伴わない。ただし、法律で定める相当な年金その他の経済的利益の付与は、この限りでない。

この改正案は、「本文」の箇所は憲法と同じですが、「ただし書き」を加えたことにより、憲法第十四条第三項のような拙劣な条文の規定内容を修正したことになり、現に行われている「文化勲章受章者」に対する文化功労者年金法による「年金の支給」をめぐる憲法違反の疑義を立法的に解決することになるわけです。

もっとも、本文で「いかなる特権も伴わない。」と定めるのですから、その例外を「ただし書き」で定めるためには、本文の「いかなる」と言う文言が障害になってしまうように思われます。このような「ただし書き」と整合するためには、本文を「特権を伴うものではない。」とするか、又は次に掲げる自民党改憲草案第十四条第三項のように、特権については何ら触れないことの方がよいのではないでしょうか。

3　栄誉、勲章その他の栄典の授与は、現にこれを有し、又は将来これを受ける者の一代に限り、その効力を有する。

注

（1）平成三十年十月二十七日付け読売新聞朝刊は、同年の文化勲章受章者及び文化功労者の人物像を紹介し、文化勲章受章者の、一柳慧、今井政之、金子宏、長尾真、山崎正和の五名は「文化勲章」の受章者であると共にこの年の「文化功労者」であること及び（文化勲章の受章者ではない）文化功労者は二十名であることを報じています。

②第四十条・泥棒に追い銭になりかねない条文規定

憲法第四十条は「何人も、抑留又は拘禁された後、無罪の裁判を受けたときは、法律の定めるところにより、国にその補償を求めることができる。」と定めており、これが刑事補償制度です。この制度は、犯罪を犯してないのに犯罪の真犯人と間違えられ逮捕され、身柄を拘束され、刑事裁判にかけられたが「無罪」の判決を受けた場合には、身柄を拘束された期間の長さに応じて「補償金」が受けられる権利を定めるものであります。

この補償金は、「一日当たり千円から一万二千五百円まで」の範囲内の一定の金額に、身柄拘束がなされた期間（日数）を乗じて得た金額を請求することができることになっています（刑事補償法第四条）。

この刑事補償制度の問題は、憲法第四十条に「無罪の裁判を受けたとき」と定める、この「無罪」の意味であります。この「無罪」とは「無実」、「無辜」あるいは「濡れ衣を着せられたこと」と言えば最も分かり易いのですが、ところが「無罪」とはこれだけではないのです。例えば、刑事訴訟制度上の「無罪」には、犯罪を犯したことの証明がない場合（刑事訴訟法第三百三十六条）をも含みます。また、刑法（明治四十年法律第四十五号）第三十七条第一項では「心神喪失者の行為は、罰しない。」と定めており、これは犯罪行為を行った者がその犯罪行為時において責任能力がない場合にも「無罪」なのです。そうなると、殺人行為があって、その犯人（被疑者）を逮捕し、身柄を拘束しておいて刑事裁判にかけたが、犯人（被告人）が「責任無能力による無罪」との判決を受けると、その犯人（被告人）には、刑事裁判のために身柄を拘束された期間に応じた「刑事補償金」の請求権が認められることになるのです。実は、この点が、刑事事件の被害者及びその親族を始めとして、社会一般ないしは国民感情からして容認し難いものとして、このような刑事補償制度に対する非難を引き起こす重大な問題なのであります。

このような「責任無能力を理由として無罪とされた者に対する刑事補償」を認めた、次のような裁判事例があります。

事案の一……昭和四十三年八月六日付東京地方裁判所判決によれば、東京都T区内の某アパートに住むタクシー運転手甲は、隣室に住む乙とその妻丙が、故意に喧騒な振る舞いをして安眠を妨害しているものと信じ込み、昭和四十二年五月二十二日午後九時頃、甲の部屋を訪れた乙を刺殺するとともに妻丙をも刺して一ヶ月の重傷を負わせた。しかし、この犯罪の刑事裁判の判決によれば「妄想による恐怖から衝動的に行った犯行」とされ、心神喪失中の犯行という理由で無罪となった。そこで、無罪の判決を得た甲は、同裁判のために身柄を拘束された期間四百四十三日に対する刑事補償を請求し、裁判所は、甲に対して、昭和四十三年十二月十日に二十六万五千八百円の刑事補償を決定した。

事案の二……昭和三十八年十二月九日付神戸地方裁判所姫路支部判決によれば、兵庫県加古川市に住む学生Xは、Xの自宅に寄宿している女子学生A子を強姦しようと企て、昭和三十六年八月二十六日午前四時三十分頃、日本刀を携えてA子の部屋へ忍び込み、近寄ったところ、A子が目覚めたため、A子を刺殺した。この刑事事件裁判では、Xは「病的妄想状態のもとになされたもの」と認定され、その結果、心神喪失中の犯行という理由で無罪とされた。そこで、Xは、この被疑事件及び被告事件のために五百四日の身柄拘束を受けたことに対する刑事補償を請求し、裁判所はこれを認め、昭和三十九年六月十日に、十万八百円の補償を決定し、Xにこれを交付した。

右二件の裁判事案には、次の刑事補償制度反対論がありました。①心神喪失で無罪になったのは仕方ないとして、「泥棒に追い銭」でその補償までする必要があるのか、戦前の旧刑事補償法ではこのような場合補償はしなかったのだが、戦後は人権尊重のためにこのような場合にも補償を支払わねばならなくなった。②旧法時代には、心神喪失の責任無能力者のケースは補償を支払わなくともよいという規定があったのに、人権尊重のみ重視した結果こんな不合理極まりないものが制定されたのであろう。人権の重要さを認める点では人後に落ちないが、誤った人権尊重は徹底的に反対する。この場合、殺傷した事実は明白であり、精神鑑定の結果が出るまで拘置されるのは当然である。しかるに無罪であるからとて国が、補償責任を負うなどとは途方もないことだ。③刑事責任の免除に浴した加害者側が、補償請求権を放棄するのがせめて道義的に罪を償おうとする気持ちのあらわれだと思う。それをいくら現行法どおりに請求したとはいいながら、なんとも割り切れない思いがする。

かつての大日本帝国憲法には、現行憲法第四十条に相当する「刑事補償制度」は定められてはなく、現行刑事補償法（昭和二十五年法律第一号）の前身である（旧）刑事補償法（昭和六年法律第六十号）が刑事補償制度の根拠法でした。同法律では、犯罪を犯した者が刑法第三十九条から第四十一条に定める事由のどれかに当たることにより「無罪」となったときは補償をしない旨を定めていました。この事由のうちの刑法第三十九条第一項は「心神喪失者の行為は、罰しない。」と定めていたので、従って、「責任無能力者の行為として無罪」の場合には刑事補償をしないでよかった訳なのです。ところが、現行刑事補償法は、旧刑事補償法とは異なり、前述のように「責任無能力者の行為として無罪」の場合にも刑事補償請求を認めているのです。なぜならば、憲法第四十条が「無罪の裁判を受けたときは、……国にその補償を求めることができる」と定め、その「無罪」の理由を問わないのですから、大日本帝国憲法時代に制定された旧刑事補償法のような「責任無能力を理由とする無罪に対しては刑事補償請求を認めない」ということを刑事補償法という「法律」で定めることは憲法第四十条に違反することになりますから、できないことなのです。このため、結果的に「泥棒に追い銭」と言ったことになり、世間の非難を惹起することになるのです。

一方、憲法第四十条及び刑事補償法のような「責任無能力者の行為で無罪」の場合にも「刑事補償請求を認める」と言う制度の不合理さを考慮したためなのであろうか、昭和三十二年四月十二日に公布、施行された「被疑者補償規程（昭和三十二年法務省訓令第一）」では、刑事事件の「被疑者」としてその身柄を拘束された者で、刑事裁判にはかけられなかった場合、つまり、起訴猶予となって身柄拘束から解放されたときにもやはり、被疑者としての「身柄拘束期間」に応じて刑事補償が認められるのですが、このような被疑者には、犯行時に「責任無能力」であったと判断された場合には、国は「刑事補償請求」をしないことができると定めています（被疑者補償規程第四条の三第一号）。これは極めて常識的で適切な措置であり、世論、国民感情に合致したものと思われます。

ここで重要なことは、この「被疑者補償規程」には、憲法第四十条に違反するという問題はないことです。なぜならば、「抑留又は拘禁」等の身柄拘束を受けた被疑者の犯行時に「心神喪失のために責任能力が無いこと」を理由として「起訴猶予（不起訴）」にする判断は検察官の権限で為すもので（被疑者の段階では裁判にかけられていないのですから）、これは裁判ではないのですから、従って「無罪の裁判」ではないからなのです。

ところで最近では、「殺人事件の犯人で責任無能力による無罪」の判決を受けた者の刑事補償請求の事案を見かけないようですが、これには、「起訴便宜主義」の運用が関係しているのではないかと思われます。刑事訴訟法第二百四十八条は「犯人の性格、年齢及び境遇、犯罪の軽重及び情状並びに犯罪後の状況により訴追を必要としないときは、公訴を提起しないことができる。」と定めており、検察官が殺人事件の犯人（被疑者）の犯行時の精神状態が「責任無能力」であるとの疑いの濃厚な場合には刑事裁判にかけない（不起訴）ためではないかと思われるのです。このために、刑事裁判において被告人の「責任無能力による無罪判決」と言うことはあり得ず、従って、刑事補償法に基づく刑事補償請求と言うことにはならないからなのです。

繰り返しますが、憲法第四十条の刑事補償の制度は、「無罪の裁判を受けたこと」をその補償の要件としており、この場合の「無罪」とは、おそらく立法者においては「無実、無辜ないしは濡れ衣」という典型的、常識的な「無罪」だけが念頭にあって、正しく「無罪」の概念を理解していなかったように思われます。このために、「責任無能力者の犯罪」も「無罪」に含まれるということの認識を欠いていたために「責任無能力による無罪」にまで刑事補償を認めるという不都合な事態を招くに至っているのです。

この憲法第四十条の刑事補償制度に相当するものは、マッカーサー草案には存在せず、現行憲法草案を審議した第九十回帝国議会の衆議院の審議で加えられたものです。

とにかく、前述のような理由から、「責任無能力者による犯罪」の可能性が濃厚な場合には、そのような被疑者に対しては検察官は公訴を提起しないことが十分にあり得る訳であります。それならば「責任無能力による無罪の判決を受けた者に対する刑事補償の支給」という事態は無くて済むことですから、「泥棒に追い銭」と言うような非難は起きないのですが、一方、仮にもそのような理由で「不起訴（起訴猶予）」とすることは、これは起訴便宜主義の濫用であり、刑事裁判制度を歪めるおそれが十分に考えられます。(1)

以上のことから、憲法第四十条は立法政策的に不都合な規定内容であり、一方、大日本帝国憲法にはこのような定めはなかったのですが、それでも法律により刑事補償はできたのですから憲法第四十条のような規定であるならば、有害無益な定めですが、とにかく刑事補償のための定めを憲法上に設けると言うならば、次のような条文内容とすべきです。

第一案

第四十条　何人も、抑留又は拘禁された後、無罪の裁判を受けたときは、法律の定めるところにより、国にその補償を求めることができる。ただし、責任無能力のために無罪の裁判を受けたときは、この限りでない。

第二案

第四十条　何人も、抑留又は拘禁された後、法律の定める無罪の裁判を受けたときは、法律の定めるところにより、国にその補償を求めることができる。

右第二案では、「無罪」の範囲を法律に委ねているのであり、従って、「心神喪失による責任無能力」の場合には「刑事補償」の対象としないとすることが可能になるのです。なお、「被疑者」と「被告人」とは次のような意義の差異があります。「被疑者」とは、犯罪の嫌疑により逮捕されたが、結局は起訴されなかった（刑事裁判にかけられなかった）者を言います。この被疑者が、逮捕されてから起訴猶予に至るまでに身柄を拘束された（これを「起訴前勾留」という）期間について何の補償もされないのでは、被告人の身柄拘束との兼ね合いで不公平であることや、憲法第四十条の規定の趣旨からも、前述のように「被疑者補償規程」に基づいて補償をすることとしているわけなのです。一方、「被告人」とは、前述の「被疑者」が起訴されると、これを「被告人」と呼称するのであり、この被告人は「保釈」されない限り刑事裁判が確定するまで身柄を拘束され（これを

「起訴勾留」という）、この被告人が刑事裁判で「無罪」の判決が確定すると、被疑者としての身柄拘束の期間と被告人としての身柄拘束の期間（起訴前勾留の期間及び起訴勾留の期間）を合計した期間に、一日当たり「千円以上一万二千五百円以下」の範囲内の金額を乗じて得た金額の補償を請求することができるのであります。しかし、被疑者で起訴されなかった者がすべて被疑者補償規程に基づき「補償」を請求することができるわけではありません。「検察官は、被疑者として抑留又は拘禁を受けた者につき、公訴を提起しない処分があった場合において、その者が罪を犯さなかったと認めるに足りる十分な事由があるときは、抑留又は拘禁による補償をするものとする。」（同規程第二条）とありますが、同規程第四条の三で、補償の一部又は全部をしないことができる場合として「本人の行為が刑法第三十九条又は第四十一条に規定する事由によって罪にならない場合」を定めている（同条第一号）からです。この被疑者の補償金額は、「抑留又は拘禁を受けた期間（身柄拘束期間）」について被告人の場合と同様に、一日当たり「千円以上一万二千五百円以下」の範囲内の金額を乗じて得た額です。ここで「刑法第三十九条第一項」は「心神喪失者の行為は罰しない。」と定めているのですから、もし刑事裁判にかけられたとすれば「責任無能力による無罪」となることが相当な確実性をもって予想されるような「被疑者」が身柄を拘束された場合には、検察官としてはその被疑者を起訴しないで身柄を解放するのであり、その場合には身柄を解放されるまでに拘束されていた期間（つまり「起訴前勾留の期間」）の補償の「全部または一部」をしないことができると言うことなのであります。

注

（1）二〇一八年五月十八日付の新聞記事は「児童施設長刺殺元入所者不起訴」との小見出しで、「東京都渋谷区の児童養護施設「若草寮」で二月、施設長が刺殺された事件で、東京地検は十七日、殺人容疑で送検された元入所者の男性を不起訴とした。地検は事件当時の精神状態を調べるため、今月十三日までの約二か月間、鑑定留置を実施。その結果、男性は心神喪失状態で刑事責任を問えないと判断したとみられる。東京地裁は十七日、地検の申立を受け、男性に心神喪失者等医療観察法に基づく鑑定入院を命じた。捜査関係者によると、男性は高校生だった二〇一二年から約三年間、同施設で生活。警視庁に逮捕された当初「施設に恨みがあり、関係者なら誰でも良かった」などと供述していた。」とありますが、心神喪失時の犯罪行為は責任無能力者の行為ということで「無罪」ですから、検察官はその容疑者（被疑者）を不起訴（起訴猶予）とすることができます。この点、刑事訴訟法第二百四十八条に定める「起訴便宜主義」は都合のよい規定です。本件の検察官の措置はともかくとして、心神喪失時の犯行は責任無能力者の犯行であり、無罪となるのは明白であるとして不起訴とすることの（本当の）理由が別にあって、心神喪失者である容疑者を起訴して無罪の判決が確定した場合には当該容疑者であった者（被告人であった者）から刑事補償法に基づく「補償金の請求」がなされるかも知れない面倒な事態の生ずることをおそれたものであるとすれば、これは前述のような問題を招来する訳であります。

③第六十七条第一項後段・「他のすべての案件」とは何か

憲法第六十七条第一項前段は「内閣総理大臣は、国会議員の中から国会の議決で、これを指名する。」と定め、同項後段は「この指名は、他のすべての案件に先だって、これを行ふ。」と定めています。つまり、後段は、内閣総理大臣の指名は、「他のすべての案件に先立って行うべし」と定めています。内閣総理大臣の指名議決が行われる典型的な例は、衆議院が解散されて、その解散の日から四十日以内に衆議院議員の「総選挙」が行われ、その選挙の日から三十日以内に国会を召集しなければならない（憲法第五十四条第一項）のであり、この召集された国会（特別会）において内閣総理大臣が指名されるときであります。憲法上内閣総理大臣は「国会議員」であることがその選任及び在職の要件とされているのですから、国会議員であれば「参議院議員」であっても法的には問題はないのですが、日本国憲法施行以来、参議院議員である内閣総理大臣の例はなく、すべて衆議院議員が内閣総理大臣に指名されています。衆議院議員が内閣総理大臣になった場合に、衆議院が解散されると、内閣総理大臣は衆議院議員では無くなります。「衆議院議員でない」と言うことは「国会議員」ではないこととなり、内閣総理大臣の地位を失うことになるはずです。しかし、内閣総理大臣が無くなりますと「内閣」と言う「国の最高の行政機関」が不存在と言う事態に至りますから、これは極力避けなければならず、従って、次の内閣総理大臣が選出されるまでの間も内閣を引き続き存続させるために内閣総理大臣は国会議員の地位を失っても引き続き内閣総理大臣の地位にあることにしています（憲法第七十一条）。また、衆議院の解散によって、その内閣を構成する国務大臣の過半数が国会議員でない事態が生じてもそのことでは内閣の存続に影響はありません。このような衆議院の解散から総選挙を経て新しい衆議院の成立と新しく内閣総理大臣が指名されるまでの間の内閣を「事務管理内閣」と称します。しかし、これはあくまでも、暫定的な措置であり、できるだけ早く「正規な内閣」が成立しなければならないわけですから、そのためには、衆議院議員総選挙の後に召集される「特別会」においては、新しく内閣総理大臣を選任することが急務なのです。この点は、立法府である「国会」が「活動期間」を限られる「会期制」を採用しているのとは異なり、「行政府」は常に活動しなければならないものですから、最高の行政機関である「内閣」が暫定的、変則的な「事務管理内閣」であって、その長である「内閣総理大臣」は「事務管理内閣の長」であると言う事態が長く続くことは極力避けなければならないことは至極当然なことです。おそらく、憲法の立法者もこのことを十分意識していた訳なのでしょう。このため、「内閣総理大臣の指名」を「他のすべての案件に先だって、これを行ふ」と言うように極めて具体的な定めをするに至ったと思われます。

しかし、国会が「他のすべての案件に先だって」内閣総理大臣を選出しなければならない必要があるとしても、総選挙後に召集された「衆議院」は、総選挙で当選した「衆議院議員」定数四百六十五人（公職選挙法第四条第一項）の集合体であり、これらの者が、特別会が召集され、「衆議院」に集合したとしても、この時点では、これら議員集団は単に「烏合の衆」にすぎないのです。つまり、「衆議院」という「合議体の組織」は、この時点ではまだ形成されてはいないのです。従って「合議体としての活動、衆議院の意思決定」は何らできないわけなのです。そこで、最初になすべきことは、「合議体としての衆議院の構成」（これを「院の構成」と言う）です。具体的には、議長、副議長、常任委員長、さらには本会議場における衆議院議員の議席の指定等が決められなければなりません。それらの事項が決定されることによって「衆議院という合議体」の議決機関が構成されて、それから「衆議院の意思決定」の一つとして「内閣総理大臣の選任」が可能になるのです。そうしますと、憲法第六十七条第一項後段で定める「この（内閣総理大臣の）指名は、他のすべての案件に先だって、これを行ふ」とは、その文言通りには行われ難いのです。

本条は、マッカーサー草案（司令部案）に由来し、同草案は次のように定めています。

第五十五条　国会ハ出席議員ノ多数決ヲ以テ総理大臣ヲ指定スヘシ総理大臣ノ指定ハ国会ノ他ノ一切ノ事務ニ優先シテ行ハルヘシ

右第五十五条の後半の箇所を承継したのが憲法第六十七条第一項後段の「この（内閣総理大臣の）指名は、他のすべての案件に先だって、これを行ふ」なのであります。

この点について宮沢俊義教授は次のように説いています（宮沢俊義著・芦部信喜補訂『全訂日本国憲法』五百十八頁）。

「他のすべての案件に先だって、これを行ふ」は、内閣総理大臣の存在は国政の運行上欠くことのできない必要事であるから、一刻も早くその任命をしなければならないとする趣旨である。したがって、衆議院において法律案・予算そのほかどのような緊急を必要とする議案があっても、それよりも先に、内閣総理大臣の指名手続を行わなくてはならないのである。

ところが、宮沢教授は次のようにも説いています（前掲書、同頁）。

かように、内閣総理大臣の指名は、他のすべての案件に先だって、行われなくてはならないが、議院が有効に活動しうるための先決問題の性質を有する事項は、ことの性質上、内閣総理大臣の指名に先だって、行ってもさしつかえないと解される。

従来の先例も、議長・副議長等の役員の選挙、議席の指定、議員の辞職の承認、会期の決定、新議員の紹介などを内閣総理大臣の指名より先に行っているが、これらはいずれも議院の構成に関する事項であり、議院が有効に活動しうるために先決することを適当とする問題と考えられるから、それを内閣総理大臣の指名よりも先に行うことは、本条に違反するものでない。常任委員の選任や、特別委員会の設置などは、どちらとも考えられるが、おそらくかならずしも先決を要する問題ではないと考えていいだろう。

さらに、宮沢教授は、次のようにも説かれます（前掲書、五百十九頁）。

「他のすべての案件に先だって、これを行ふ」との規定は、法律的には、いわゆる訓示規定の性格を有すると見るべきであろう。それに違反して行われた指名は違法ではあるが、かならずしもそれによってその効力を失うことにはならない。

このように宮沢教授は説くのですが、しかし、「それに違反して行われた指名は違法ではあるがかならずしもそれによってその効力を失うことにはならない。」と解釈されますが、そうなると、憲法の条文とは何なのでしょうか。とにかく言えることは、憲法第六十七条第一項後段で定めることとは「最高法規性」を有しないと言うことになるのは明らかであります。つまり「国務統制規範」として機能することはないことになります。

現行憲法の立法者が「内閣の首長たる内閣総理大臣の指名」を急ぐ心境は十分に理解できるのですが、それにしても「この指名は、他のすべての案件に先だって、これを行ふ」というように、余りにも具体的に表現していることはやはり稚拙な表現と言わざるを得ません。このような場合の法文の書き方としては、「この指名は、速やかに行わなければならない」という表現が相当なのです。実際の衆議院本会議の議事進行にしても、衆議院における「内閣総理大臣の指名」は、それが行われる国会の会期の始めの「衆議院本会議の議事日程」を見ると、例えば、平成十二年七月四日に召集された第百四十八回国会（特別会）の同日の衆議院本会議の議事日程は、次のようでした。

第　一　議長の選挙
第　二　副議長の選挙
第　三　議席の指定
第　四　会期の件
第　五　常任委員の選任
第　六　常任委員長の選挙

第　七　憲法調査会委員の選任
第　八　政治倫理審査会委員の選任
第　九　内閣総理大臣の指名

この点についてのもう一つの例を挙げますと、平成二十六年十二月十四日の衆議院議員総選挙の後の、同年十二月二十四日に召集された第百八十八回国会（特別会）の衆議院本会議の議事日程は次のようでした。

第　一　議長の選挙
第　二　副議長の選挙
第　三　議席の指定
第　四　会期の件
第　五　常任委員の選任
第　六　常任委員長の選挙
第　七　憲法審査会委員の選任
第　八　政治倫理審査会委員の選任
第　九　内閣総理大臣の指名

この二つの実例から見ても明らかなように、議事日程の第一から第八までが多かれ少なかれ「衆議院」と言う合議体の構成（「院の構成」）に係る議事案件であり、これらの案件を決定して初めて組織体としての「衆議院の意思決定」が可能となり、衆議院の意思決定としての「内閣総理大臣の指名」が行われることになるわけです。

従って、繰り返しますが、憲法第六十七条第一項後段については、この文言通りに「内閣総理大臣の指名」は行われていないのですから、憲法第六十七条第一項後段の規定は、最高法規としての「国務統制規範」が機能していないわけであります。

もっとも、憲法第六十七条第一項後段が定める文言通りに、内閣総理大臣の指名を「他のすべての案件に先だって、これを行ふ」ことは絶対に不可能なのかと言えば、必ずしもそうではなくて、衆議院議員総選挙後に召集される特別会において、総選挙により選出され、国会に集合した四百六十五人の衆議院議員が、衆議院本会議場で「臨時の議長」又は「仮の議長」を選出して、即刻「内閣総理大臣の指名（選挙）」を行うことにより、「他のすべての案件に先だって、これを行ふ」と定める憲法第六十七条第一項後段の文言通りに「内閣総理大臣の指名（選出）」を行うことは可能であると思います。そして、その内閣総理大臣の指名の後に前掲の「議事日程」にあるように第一から第八までの議題を審議するという方法はできないことではないと思います。と言うよりも、憲法第六十七条第一項後段に違反しないがためには、衆議院の「議事日程」はこのようにするべきではないかとも思われます。

しかし、いかに（正規の）内閣総理大臣の地位を空位にしてはならないからと言って、「内閣総理大臣の指名」は「他のすべての案件に先だって、これを行ふ」という憲法の文言に忠実に従うにしても、前述のように「事務管理内閣」が存在しているのであり、「事務管理内閣の内閣総理大臣」が存在するのですから、新しく「内閣総理大臣を指名する」必要性は、一刻一秒を争うというべき事柄ではなくて、やはり、前掲の「衆議院本会議の議事日程」のように、「議長の選挙」から始めて、衆議院という合議体の議決機関を構成すること（「院の構成」）を行って、その後に、「内閣総理大臣の指名」を行うのが合理的、常識的であり、このようにしたところで実際に格別の不都合を来すものではないと一般的には受け取られているように思われます。

とにかく、「内閣総理大臣の指名」を「他のすべての案件に先だって、これを行ふ」と言うような憲法第六十七条第一項の規定内容は、これを守るべき側である「立法府」にとって、条文の文言通りに取り行おうという「規範意識、遵法意識に駆り立てられる」には、程遠いものがあり、そのため、前述のように、従来から憲法の定める文言通りに内閣総理大臣の指名が行われることはありません。かくして、憲法第六十七条第一項後段は全く「最高法規」としての「国務統制規範」が機能しないと言うことです。それよりも、国会の議事、審議日程の順序についてまでをも、最高法規である「憲法の条文」とすべきものなのでしょうか。このような事項は、立法府である国会の内部規律、議事運営規則等に任せればよいものであって、最高法規たる憲法が取り扱うべき事項ではないと思います。

④第七十四条・法律はすべて内閣が所管するとの錯覚に基づく条文規定

憲法第七十四条は「法律及び政令には、すべて主任の国務大臣が署名し、内閣総理大臣が連署することを必要とする。」と定めていますが、このような条文の規定内容は現行憲法の淵源であるマッカーサー草案（司令部草案）に先ず登場し、同草案第六十六条は「一切ノ国会制定法及行政命令ハ当該国務大臣之ニ署名シ総理大臣之ニ副署スヘシ」と定めていることに由来するものです。次に、「日本国憲法（三月二日案）」第七十七条は「凡テノ法律及命令ハ主務大臣署名シ、内閣総理大臣之ニ副署スルコトヲ要ス」と定め、また、「憲法改正草案要綱」第七十条は「法律及命令ハ凡テ主務大臣署名シ内閣総理大臣之ニ副署スルコトヲ要スルコト」とし、この要綱に沿って「憲法改正草案」第七十条は「法律及び政令には、すべて主任の国務大臣が署名し、内閣総理大臣が連署することを必要とする。」と定めるに至り、これはまさに現行憲法第七十四条と同様の規定となっているのです。また、さらに、「帝国憲法改正案」第七十条もまた「法律及び政令には、すべて主任の国務大臣が署名し、内閣総理大臣が連署することを必要とする。」というように、これもまた現行憲法第七十四条と同一の規定になっています。

ところで、以上のような内容の条文は現行憲法の制定過程で初めて出現したものではなくて、既に、大日本帝国憲法第五十五条第二項が「凡テ法律勅令其ノ他国務ニ関ル詔勅ハ国務大臣ノ副署ヲ要ス」と定めておりました。このように大日本帝国憲法は、「国務大臣ノ副署」だけであり、現行憲法のような「内閣総理大臣の連署」は定められていません。その理由は、大日本帝国憲法は「内閣制度及び内閣総理大臣の権限」は定められてはなくて[1]、その代わり第五十五条第一項が「国務各大臣ハ天皇ヲ輔弼シ其ノ責ニ任ス」と定めており、この点との整合性を図ったものと考えられるからなのです。

かっての大日本帝国憲法と現行日本国憲法との「国家の統治機構」の最大の相違点としては、前者は、天皇の「統治大権」の下にあり、「帝国議会」、「行政府（内閣）」及び「裁判所」と言うように日本国憲法に相当する国家機関は存在したとしても、これらの国家機関はすべて天皇の「統治大権を輔弼し、協賛する」役割を担っていたものでした。これは、端的に言えば、現行日本国憲法のような「三権分立」の統治機構ではなかったのです。このことは、大日本帝国憲法の下では「帝国議会（日本国憲法下での「国会」に相当する）」の制定する「法律」はすべて「天皇」の統治大権の下で成立するものであり、法律はすべて「内閣」の所管にあると言うことであり、そうである以上は、内閣の構成員である「国務各大臣の所管に属しない法律」と言うものは存在し得なかったのです。このことから、大日本帝国憲法は、第五十五条第二項で「凡テ法律……ハ国務大臣ノ副署ヲ要ス」と定めることで何らの不都合もなかったわけなのです。

ところが、日本国憲法においては全く事情は異なって、「三権分立」の「統治機構」ですから、国会の制定する「法律」は、そのすべてが必ずしも「内閣所管」の法律とは限らないのです。この点が重要なのであって、新規立法、一部改正立法、全部改正立法、廃止法を含めて、法律には「内閣所管の法律」の他に「立法府所管の法律」、「司法府所管の法律」、さらには「会計検査院所管の法律」が成立し、存在することになるのです

「内閣所管の法律」ではない法律を具体的に挙げれば、「立法府所管の法律」の例としては、国会法、国立国会図書館法、議院法制局法、議院事務局法、国会職員法、国会予備金に関する法律、国会に置かれる機関の休日に関する法律等があります。また、「司法府所管の法律」の例としては、裁判所法、裁判所職員定員法、裁判官分限法、裁判所職員臨時措置法、裁判官の育児休業に関する法律、裁判官の介護休暇に関する法律等が挙げられます。さらに「会計検査院所管の法律」には、会計検査院法があります。

これらの法律の制定時には、日本国憲法の施行前であったものもあり、その場合には格別問題はなかったのですが、日本国憲法施行後は、「三権分立」の国家統治機構となったことから、前述のように、「立法府所管の法律」、「司法府所管の法律」及び「会計検査院所管の法律」については、これらの国家機関は「内閣」ではありませんから、「所管する法律」（これらの法律の一部改正法、全部改正法及び廃止法を含めて）に署名しなければならないはずの「主任の国務大臣」は存在しないわけなのです。しかし、とにかく「法律に（主任の）国務大臣の署名」が無いとすればその法律は「憲法第七十四条違反の法律」となるのです。

そこで、そうならないようにしようとして、実際の運用においては、「立法府所管の法律」については、従前、「総理府」が存在した時には、「総理府の長である内閣総理大臣」を「主任の国務大

臣」に擬えてその法律に「署名」することにしていました。これが現在では組織改革によって「総理府」は廃止され、旧総理府の職務権限の一部を承継した「総務省」の長である「総務大臣」を「主任の国務大臣」に擬えて、総務大臣が「立法府所管の法律」に署名しているのです。

次に、「司法府所管の法律」についても、裁判所にも「主任の国務大臣」は存在しないのですから、そこで「法務大臣」を「主任の国務大臣」に擬えて、裁判所所管の法律に署名しているのです。また、会計検査院所管の法律である「会計検査院法」[2]、及び会計検査院法の一部改正法については、会計検査院はもとより内閣からは独立した国家機関ですから、会計検査院には「主任の国務大臣」はいません。このため、「主任の国務大臣の署名」は、便宜的に、内閣総理大臣を「主任の国務大臣」に擬えて、内閣総理大臣が「署名（「連署」ではない）」しているのです。

以上のように、日本国憲法の立法者は、日本国憲法において、「三権分立の統治機構」を構想したことを全く失念し、すべての法律は「内閣所管」であるという前提（錯覚）の下で第七十四条を設けたがために、「法律の署名」については「主任の国務大臣の擬制」と言うことをしなければならないことになったのです。

また、憲法第七十四条は、法律について「主任の国務大臣の署名」と「内閣総理大臣の連署」とを定めていますが、内閣総理大臣が「主任の国務大臣として署名」する場合には、「内閣総理大臣の連署」はしないというのが実際の運用、取り扱いになっています。しかし、この運用、取り扱いも第七十四条を見れば明らかに同条に違反するものです。

以上の問題点を持つ憲法第七十四条について、宮沢俊義教授は次のように説いています。

「……本条による「主任の国務大臣」の署名および内閣総理大臣の連署は、法律または政令の効力であるのか。言葉をかえれば、そうした署名または連署を欠く法律または政令は効力をもつことができないか。この点について、本条による署名および連署が効力要件だとする見解もあり得るが、それは正当ではあるまい。法律および政令は、国会および内閣の意志によってそれぞれ終局的に確定するのであり、それは正式に公布されればただちにその効力を実働的に発する状態にあるのであるから、「主任の国務大臣」または内閣総理大臣の署名または連署の有無が、その効力に影響をおよぼし得るものと解するのは妥当ではない。本条のいう「主任の国務大臣」の署名および内閣総理大臣の連署は、単に公証の趣旨をもつだけであり、それが欠けたとしても（実際問題としては、ほとんど生じ得ないことであるが）、その効力には関係がないと見るのが正当であろう。」（宮沢俊義著・芦部信喜補訂『全訂日本国憲法』五百八十四頁）[3]

右のように、宮沢教授は主任の国務大臣の署名は「公証の趣旨をもつだけであり」と説かれますが、それでは、何が「公証」されるのかと言えば、「かくかくしかじかの法律」を所管する「主任の国務大臣」は何某大臣であることを公に知らしめるものでしょう。それなのに「何某大臣」が「擬制された大臣」であると言うのでは、「公証の趣旨をもつだけ」にもならないのではないでしょうか。それとも、「公証」とは正確さに欠けるものであっても良いと言うのでしょうか。

元々国務大臣の存在しない国家機関である、立法府（国会）、司法府（裁判所）及び会計検査院所管の「新規法律」、「一部改正法」等については、「主任の国務大臣の署名する箇所」を空白にした方が、そのような法律は「内閣所管の法律ではない」ことを「公証」することとなり、無理をする（敢えて、主任の国務大臣の擬制をする）よりも少しはましな「公証」の意義があるようにも思われます。もっとも、このように「主任の国務大臣の署名」が無いのも憲法違反だと思います。しかしながら、「最高法規である憲法」と言えども不可能なことを強制することはできないのです。

繰り返しになりますが、この「主任の国務大臣の署名」及び「内閣総理大臣の連署」が当該法律の効力要件であるとするならば、前述のように立法府所管の法律、司法府所管の法律、会計検査院所管の法律には「主任の国務大臣」が存在しないのですから、憲法第七十四条違反とならないためには、「主任の国務大臣の存在しない国家機関の所管する法律」については、「主任の国務大臣」を擬制するという運用がなされているわけであり、この運用は当然のこととして憲法違反なのですが、この点について、憲法違反とする見解は聞かれません。これは、やはり宮沢教授が説くように、主任の国務大臣の署名及び内閣総理大臣の連署の有無は、当該法律の効力には関係が無いとする考え方が一般的に容認されていることによるものなのかも知れません。しかし、仮にそうであるとすると、それでは、この憲法第七十四条に定められていることとは、一体何なのか。全くもって憲法の「最高法規性」とは無縁の規定なのでしょうか。これでは、とにかく、憲法第七十四条が最高法規としての「国務統制規範」が始めから機能していないことだけは明白であると言うことになります。また、別な言い方をするならば、言い方は不躾なようですが、「毒にも薬にもならない定め」と言うことになり、第七十四条のような条文が最高法規である憲法に設けられていること自体驚くべきことです。[4]

なお、読売憲法改正案は、憲法第七十四条に相当する条文を設けてはいません。法律についての「主任の国務大臣の署名及び内閣総理大臣の連署」は廃止するものと思われます。

注

（1）内閣制度は明治十八年の「内閣官制」によって定められており、大日本帝国憲法には、内閣制度は規定されてはありません。これは、大日本帝国憲法に「内閣制度」を規定することは、同憲法第四条が「天皇ハ国ノ元首ニシテ統治権ヲ総攬シ此ノ憲法ノ条規ニ依リ之ヲ行フ」と定めているところの、「天皇の統治権の総攬者」と定めることとの調整が微妙であったこと等の理由があったと考えられています。

（2）会計検査院法（昭和二十二年法律第七十三号）は、昭和二十二年四月十九日に公布されたのですから、その法律の公布は日本国憲法施行の日である同年五月三日より前であり、従って「主任の国務大臣の署名」のための「主任の国務大臣」の「擬制の必要」はなかったわけです。その後数次の「会計検査院法の一部を改正する法律」は、現行憲法施行後であり、会計検査院は内閣からは独立した国家機関なので、そこには国務大臣は存在しないのですから、「法律の署名」にはやはり「主任の国務大臣の擬制」を必要とすることになります。そこで、実際には、数次にわたる「会計検査院法の一部を改正する法律」の「主任の国務大臣の署名」には内閣総理大臣が「擬制された国務大臣」として「署名（連署ではない）」をしているのです。さらに言えば、内閣総理大臣が「主任の国務大臣として署名した」場合には、「内閣総理大臣としての連署」はしないのが通例であります。この点についても憲法第七十四条の規定からすれば「憲法違反」と言えるのですが、そのような主張は聞かれません。その理由は、この第七十四条が、「遵法精神」ないしは「規範意識」を駆り立てるには乏しい条文であること、「毒にも薬にもならない規定」と一般に認識されていることからなのでしょうか。

（3） 宮沢教授は「単に公証の趣旨をもつだけ」と説きます。しかし、何を公証するのかと言えば、それは法律を所管する国務大臣（主任の国務大臣）を公に明示することでありますが、内閣所管の法律でなければその法律を所管する国務大臣（主任の国務大臣）は存在しないのですから、それでは「公証」の趣旨は全うされないのです。なぜならば、憲法第七十四条は「すべての法律」に「主任の国務大臣の署名」を要求しているので、その通りにしようとして、実務上は、「主任の国務大臣の存在しない法律」には、「国務大臣の擬制」をすることで、「擬制された国務大臣」がその法律に署名しているのであり、従って、立法府所管、司法府所管及び会計検査院所管の各法律は「擬制された国務大臣の署名」なのですから、真実の「主任の国務大臣」を「公証」してはいないわけであって、これでは「公証」の意味はないことになるからです。この、国務大臣の存在しない国家機関である立法府、司法府及び会計検査院所管（専管）の法律には、むしろ国務大臣の署名は無し（無署名）にすることで、皮肉にも、その法律は「**内閣所管の法律ではない**」と言うことになりますから、その限りでの「公証」の意義があるのではないでしょうか。

（4）　憲法第七十四条は「政令」も「主任の国務大臣の署名」が必要である旨を定めていますから、これまで述べてきたことは政令についても言えるとは思われます。つまり、立法府所管の法律の「実施手続規則」とか、司法府所管の法律の「実施細則」のようなものが政令で定める、政令に委任される等の場合に、その「政令」に「主任の国務大臣」が署名する際には、やはり、国務大臣が存在しないこれらの国家機関の「政令」には「主任の国務大臣の擬制」をしなければならないのではないかと言うことです。しかし、このような場合、立法府所管の法律の実施手続きを「政令に委任する」ことは先ずあり得ず、議院規則で定めるであろうし、司法府所管の法律の実施手続き等も「政令に委任する」ことよりは「最高裁判所規則」ないしは裁判所の内部規則で定めることになるであろうから、「政令」に関しては、「法律」の場合のような問題は生じないと思われます。

⑤第七十七条第一項・最高裁判所規則と法律との優越関係

憲法第七十七条第一項は「最高裁判所は、訴訟に関する手続、弁護士、裁判所の内部規律及び司法事務処理に関する事項について、規則を定める権限を有する。」と定めています。ここで問題となるのは、ここに定める四つの事項については、法律で定めることも認められていると一般に解されているからなのです。そうなると、①「訴訟に関する手続」、②「弁護士（に関する事項）」、③

「裁判所の内部規律（に関する事項）」及び④「司法事務処理に関する事項」について規定する「法律」と「最高裁判所規則」とで、その規定内容が両者で異なる場合には、「法律」に依るべきなのか、それとも「最高裁判所規則」に依るべきなのか、言い換えれば、これら四つの事項については、「法律（の定め）」と「最高裁判所規則（の定め）」とで、どちらが優越するのかということであります。(1)

実際に「法律」と「最高裁判所規則」が同じ事項を定めていながら、その規定内容に相違がある場合として、次の事例があります。

刑事訴訟法（昭和二十三年法律第百三十一号）

第三百五条　検察官、被告人又は弁護人の請求により、証拠書類の取調をするについては、裁判長は、その取調を請求した者にこれを朗読させなければならない。但し、裁判長は、自らこれを朗読し、又は陪席の裁判官若しくは裁判所書記にこれを朗読させることができる。(1)（第二項以下省略）

刑事訴訟規則（昭和二十三年最高裁判所規則第三十二号）

第二百三条の二　裁判長は、訴訟関係人の意見を聴き、相当と認めるときは、請求により証拠書類又は証拠物中書面の意義が証拠となるものの取調をするについての朗読に代えて、その取調を請求した者、陪席の裁判官若しくは裁判所書記官にその要旨を告げさせ、又は自らこれを告げることができる。

2　裁判長は、訴訟関係人の意見を聴き、相当と認めるときは、職権で証拠書類又は証拠物中書面の意義が証拠となるものの取調をするについての朗読に代えて、自らその要旨を告げ、又は陪席の裁判官若しくは裁判所書記官にこれを告げさせることができる。

以上のように、刑事事件の裁判において、「証拠書類の取調をする」場合には裁判長はその取調を請求した者にその証拠書類を朗読させることが原則であり、その例外として、裁判長自らがその証拠書類を朗読するか、陪席の裁判官又は裁判所書記官に朗読させることができる旨を定めているのが「法律」（刑事訴訟法）の規定内容です。ところが、「刑事訴訟規則」（最高裁判所規則）では、刑事事件の裁判において裁判長は、「証拠書類又は証拠物中書面の意義が証拠となるものの取調をするについて」、一定の要件のもとに「証拠書類の朗読に代えて」自ら証拠書類の要旨を告げ、又は陪席の裁判官又は裁判所書記官に証拠書類の要旨を告げさせることができると定めています。

つまり、証拠書類の取調をするについて、法律では、その証拠書類の朗読をすることを定めているのに対して、最高裁判所規則では証拠書類の朗読に代えてその要旨を告げることを定めているのです。

このように、法律と最高裁判所規則とが、同じ事項について異なる内容を定めている場合に、それではどちらに従うべきなのか、どちらが優越するのかという問題が生じます。この点憲法は何も定めていないことから、次のような解釈が生まれるのです。

A説は、法律が最高裁判所規則に優越する、と説きます。これは常識的な考え方であり、主権者である国民によって選出された国民の代表者で構成する立法府の制定する法規である「法律」は、形式的効力が、その任命、選任の基礎を直接国民に基づかない最高裁判所の制定する法規である「最高裁判所規則」に優越するのは当然のことと解するのです。

B説は、A説とは正反対に、形式的効力において、最高裁判所規則の方が法律に優越すると説きます。なぜならば、A説のように解するのであれば、憲法が第七十七条第一項を設けたことの意味がなくなるわけで、最高裁判所に規則制定権が認められたことの意義は、「訴訟に関する手続、弁護士、裁判所の内部規律及び司法事務処理に関する事項」のような司法に関する専門的事項については、その専門の最高裁判所に「法規」の制定を任せた方が合理的であること、また、これらの事項に関する「法規（法律）」の制定を立法機関ではなく、司法機関に委ねることにより、立法機関による司法機関に対する不当な干渉を排除し、司法権の独立を守ることができる、と説くのです。

C説は、法律と最高裁判所規則とは、形式的効力において同等であると説きます。そうなると、そのいずれに従うべきなのかと言う問題が生じますが、この点は法諺・法格言にある「後法は前法を廃する」、つまり、後に制定された法規が先に制定された法規に優先するのですから、後の法規に従うべきであると説くのです。

D説は、憲法第七十七条第一項に定める事項のうち、「訴訟に関する手続、弁護士（に関する事項）」は、直接一般国民に関係する事項であるから、これらの事項を定める「法律」の効力は、同じ事項を定める「最高裁判所規則」に優越し、一方、「裁判所の内部規律及び司法事務処理に関する事項」について定める「法律」と「最高裁判所規則」との効力については、最高裁判所規則が法律に優越すると説くのです。その理由は、「裁判所の内部規律及び司法事務処理に関する事項」は司法固有の事項であり、これらの事項を法律で定めないことで、立法権の干渉から司法権の独立が守られるからであるというものです。

以上の各説を見ると、刑事訴訟法第三百五条の規定と、刑事訴訟規則第二百三条の二の規定とのいずれが優越するかについては、A説とB説はその説くところは極めて明快です。C説の場合には、刑事訴訟法第三百五条が昭和二十三年七月十日に公布され、翌昭和二十四年一月一日に施行されたのに対して、刑事訴訟規則第二百三条の二は、昭和二十五年十二月に公布された最高裁判所規則第二十八号により改正されたものです。そこで前述の「後法は先法を廃する」という場合の「先後」を分ける基準時が、法規の「成立時」か、「公布時」か、又は「施行時」なのかは明白ではないのですが、この場合にはいずれの時点も、刑事訴訟規則第二百三条の二が後法であることから、最高裁判所規則第二百三条の二は、刑事訴訟法第三百五条に優越することになるのです。D説の場合には、「証拠書類等の取調の方法」は、憲法第七十七条第一項の「訴訟に関する手続」に該当する事項ですから、刑事訴訟法第三百五条は刑事訴訟規則第二百三条の二に優越するという結論になります。

実際の刑事裁判における「証拠書類等の取調」では、「証拠書類の朗読」と「証拠書類の朗読に代えて、その要旨を告げる」ことのどちらも行われているということです。

次に、法律と最高裁判所規則が同一の事項を規定していながら、両者の規定内容に相違のあるもう一つの例を挙げます

人身保護法（昭和二十三年七月三十日法律第百九十九号）

第二条　法律上正当な手続によらないで、身体の自由を拘束されている者は、この法律の定めるところにより、その救済を請求することができる。

2　何人も被拘束者のために、前項の請求をすることができる。

人身保護規則（昭和二十三年九月二十一日最高裁判所規則第二十二号）

（請求の要件）

第四条　法第二条の請求は、拘束又は拘束に関する裁判若しくは処分がその権限なしにされ又は法令の定める方式若しくは手続に著しく違反していることが顕著である限り、これをすることができる。但し、他に救済の目的を達するのに適当な方法があるときは、その方法によって相当の期間内に救済の目的が達せられないことが明白でなければ、これをすることができない。

以上の人身保護法第二条と人身保護規則（最高裁判所規則）第四条とでは、「正当な手続によらないで身体の自由を拘束されている者」の救済の要件が「人身保護法第二条」と「人身保護規則第四条」とでは異なります。この場合の人身保護法と人身保護規則とは「救済の請求」に関して法律が規則に委任すると言う関係にはありませんから、やはり「法律」と「最高裁判所規則」とが異なる規定内容である場合、いずれに依るべきか、つまり、法律の効力と最高裁判所規則の効力のいず

れが優越するのかという前述の場合と同様の問題になります。
以上のように、憲法第七十七条第一項は最高裁判所規則と法律との形式的効力の優劣について何ら定めることなく、このため種々の解釈が生まれるのです。このことは、憲法第七十七条第一項は「最高法規」としての、「法令統制規範」及び「国務統制規範」が十分に機能しないと言うことなのです。

注
（1） 裁判所法（昭和二十二年法律第五十九号）附則第三項は「他の法令中「裁判所書記」とあるのは、「裁判所書記官」と読み替えるものとする。」と定めています。従って、刑事訴訟法第三百五条中「裁判所書記」とあるのは「裁判所書記官」と読み替える訳であります。

⑥第八十七条第一項・立法府、司法府の予算の予備費はどこに定めるのか

憲法第八十七条は「予算の予備費」について、第一項は「予見し難い予算の不足に充てるため、国会の議決に基いて予備費を設け、内閣の責任でこれを支出することができる。」と定め、第二項は「すべて予備費の支出については、内閣は、事後に国会の承諾を得なければならない。」と定めています。この「予備費」の制度は、既に、大日本帝国憲法においても、第六十九条で「避クヘカ

ラサル予算ノ不足ヲ補フ為ニ又ハ予算ノ外ニ生シタル必要ノ費用ニ充ツル為ニ予備費ヲ設クヘシ」と定めていました。

問題は、憲法第八十七条の定める「予備費」の制度は「内閣の責任でこれを支出することができる」としていることなのです。憲法は、我が国家の統治組織機構は、「立法府（国会）」、「行政府（内閣）」及び「司法府（裁判所）」に分割されている、いわゆる「三権分立」の構成であり、この点から、「予備費」をもってその「予見し難い不足に充てるべき予算」、つまり、憲法第八十七条は「予算」それ自体も、専ら「内閣の予算」について規定したものなのです。そして、このことは「内閣の予算」が「国会の予算」及び「裁判所の予算」をまかなうものではないわけで、これは、我が国が三権分立の統治機構であることからも自明のことであります。従って、国の統治機構である「国会」には、内閣の予算とは別個の「国会の予算（厳密に言えば「衆議院の予算」及び「参議院の予算」）」があり、同じく「司法府（裁判所）の予算」も、「内閣の予算」とは別個に「裁判所の予算」が存在するのです。ところが、憲法第八十七条の「予備費」については、同条の文言からは、国家の統治機構としての「内閣の予算」と、その「予備費」についてだけ定めているに過ぎないのです。それでは、国会及び裁判所の「予算及び予備費」はどうなのかと言えば、憲法に明文の規定がなく、その代わりに、立法府である国会及び司法府である裁判所の予算の「予備費」は「憲法」ではなくて「法律」に定められているのです。

先ず、「国会の予備費（予備金）」は、「国会法（昭和二十二年法律第七十九号）」及び「国会予備金に関する法律（昭和二十二年法律第八十二号）」に次のように定めています。

国会法

第三十二条　両議院の経費は独立して国の予算にこれを計上しなければならない。

2　前項の経費中には、予備金を設けることを要する。(1)

国会予備金に関する法律

第一条　各議院の予備金は、その院の議長がこれを管理する。

第二条　各議院の予備金を支出するには、事前に、時宜によっては事後に、その院の議院運営委員会の承認を経なければならない。

第三条　各議院の予備金の支出については、これを議院運営委員会の委員長が、次の常会の会期の初めにおいて、その院に報告して承諾を求めなければならない。

次に、裁判所の予算の「予備費（予備金）」は、次のような法律に定めています。

裁判所法（昭和二十二年法律第五十九号）

第八十三条　裁判所の経費は、独立して、国の予算にこれを計上しなければならない。

2　前項の経費中には、予備金を設けることを要する。(1)

裁判所予備金に関する法律（昭和二十二年法律第百十七号）

第一条　裁判所の予備金は、最高裁判所長官が、これを管理する。

第二条　裁判所の予備金を支出するには、事前に、時宜によっては事後に、最高裁判所の裁判官会議の承認を経なければならない。

このような法律の規定から明らかなように、憲法の立法者は、「三権分立」の統治機構を構想しておきながら、「国の予算」がすべて「内閣の所管に属する」もののように錯覚したのか、その「予備費」についても（すべて）「内閣の責任でこれを支出することができる」と定めたものと考えられますが、これは明白な誤りです。そこで、前掲のように、日本国憲法の施行の年に、国会法第三十二条及び、国会予備金に関する法律の成立を急いだのです。「国会法」及び「国会予備金に関する法律」は、共に昭和二十二年四月三十日に公布されて、「施行の日」は憲法の施行の日と同じ同年五月三日であります。

一方、裁判所の「予備金」及び「予算」についても事情は同様であり、「裁判所法」は昭和二十二年四月十六日に公布され、憲法の施行の日である同年五月三日に施行されました。裁判所法第八十三条の規定を受けて成立した「裁判所予備金に関する法律」は、昭和二十二年十月十五日に公布され、同日に施行されており、「公布の日」及び「施行の日」とも憲法の施行後ではありますが、制定を急いだことには変わりはありません。

かくして、憲法第八十七条は「内閣所管」の予算及びその予備費だけを定めて、「国会」及び「裁判所」の「予算及び予備費」については憲法上に何ら定めることはなく、この不都合な点を急遽補足したのが、「国会法第三十二条」及び「国会予備金に関する法律」並びに「裁判所法第八十三条」及び「裁判所予備金に関する法律」と言うことになるのです。最高法規である「憲法」

を、その下位の「法規」である「法律」（憲法よりも形式的効力の劣位にある）が「補足している」のです。こうなると、憲法第八十七条は、前掲の諸法律及びその条規に対する「最高法規」であるとは言えない、つまり、「法令統制規範」としては機能していないと言うことになるのです。

注

（1）「国会予備金に関する法律」及び「裁判所予備金に関する法律」とも「予備費」ではなく「予備金」という表現になっていますが、その意味するところは同じです。

第五分類　最高法規性に相応しくない条文規定

①憲法前文第一段落・「これに反する一切の憲法、法令及び詔勅を排除する」とは何を意味するのか

憲法前文第一段落の後段は「そもそも国政は、国民の厳粛な信託によるものであって、その権威は国民に由来し、その権力は国民の代表者がこれを行使し、その福利は国民がこれを享受する。これは人類普遍の原理であり、この憲法は、かかる原理に基くものである。われらは、これに反する一切の憲法、法令及び詔勅を排除する。」と定めています。ここで「これに反する一切の憲法」とはどういう意味なのでしょうか。

宮沢俊義教授は、「「これに反する一切の憲法、法令及び詔勅を排除する」とは、従来の日本にあった憲法以下のすべての成文法だけでなく、将来成立するであろうあらゆる成文法を、上にのべた「人類普遍の原理」に反するかぎり、認めない意味である。「憲法、法令及び詔勅」とあるのは、その名称のなんであるかを問わず、いっさいの成文法（正確にいえば、成文の形式を有する法律的意

味をもつ行為）を意味する。日本国憲法に反する法令が効力を有しないことは、第九十八条の定めるところであるが、ここでの狙いは、それとはちがい、「国民の、国民による、国民のための政治」という「人類普遍の原理」に反する法令はいっさいみとめないとする意図を言明するにある。したがって、別に定められる憲法改正の手続きをもってしても、この原理に反する規定を設けることはできないことが、ここで明らかにされていると解される。」と説いています（宮沢俊義著・芦部信喜補訂『全訂日本国憲法』三十九頁）。

要するに、宮沢教授が説かれるのは、日本国憲法は「人類普遍の原理」（つまり「民主主義の原理」）に基づいているであり、その「人類普遍の原理」に反する限り、「従来の日本にあった一切の成文法」だけでなく、「将来制定されるであろう一切の成文法」も認めない、と言うことなのです。そして、それでは現行の成文法についてはどうかといえば、それは「日本国憲法に反する法令が効力を有しないことは、第九十八条の定めるところである」と説き、「人類普遍の原理」（つまり「民主主義の原理」）は「別に定められる憲法改正の手続きをもってしても、この原理に反する規定を設けることはできない」と言うことから、「人類普遍の原理」（つまり民主主義）を憲法改正の限界と考えているのです。

このように、「人類普遍の原理」としての「民主主義の原理」を説くことはその通りであるとしても、その原理に反する「従来の日本にあった憲法以下のすべての成文法」を、人類普遍の原理に反するから認めない、と説くことにはどれ程の実益があるのでしょうか。

つまり「従来日本にあった成文法」とは、現在は既に廃止された、失効した、又は全部改正されてしまった、というものであって、現在はその効力の有無を問題とすることはないのですから、それらを、日本国憲法の依って立つ「人類普遍の原理」に反すれば、その限度で認めない、と言ってみてもどれだけの意味があるのでしょうか。

また、宮沢教授は「これに反する一切の憲法、法令及び詔勅を排除する」については、「将来成立するであろうあらゆる成文法を認めない意味である」と説いていますが、「これに反する」とところの「法規範」の例示として「詔勅」を挙げていることから見て極めて不自然です。なぜならば、ここで「詔勅」とは、「旧憲法下において、詔書及び勅書を総称して詔勅といっていた（憲法前文第一段末句参照）、現憲法の下においても、ある範囲においては、詔書及び詔勅が存在し得るから、これらを総称して詔勅ということはできる。」と説明され[1]、この「詔勅」は大日本帝国憲法の時代の統治権を総攬する天皇制の下で制定された「法規範」の一であり、もし、将来この「詔勅」が制定されるとすれば、それは憲法の依って立つ「人類普遍の原理」、つまり「民主主義の原理」を否定する憲法の制定がその前提として必要だからであり、そのような憲法は「これに反する一切の憲法」は認められない、と説かれることになるからです。

日本国憲法の前文のこの箇所については、マッカーサー草案では「……而シテ我等ハ此ノ憲法ト抵触スル一切ノ憲法、命令、法律及詔勅ヲ排斥及廃止ス」とありました。

これに対して、憲法改正草案要綱の当該個所は「此ノ憲法ヲ制定確立シ、之ト抵触スル一切ノ法令及詔勅ヲ廃止ス」となりました。

また、帝国憲法改正案では「我らは、この憲法に反する一切の法令と詔勅を廃止する。」となりました。

さらに、衆議院・帝国憲法修正箇所によれば「我らは、この憲法に反する一切の法令と詔勅を廃止する。」とあるのを「われらは、これに反する一切の憲法、法令及び詔勅を排除する。」と修正しました。

このような経過で、現行憲法案を審議した第九十回帝国議会の衆議院の審議における修正によって、マッカーサー草案と同様に「一切の憲法」となったのであります。

憲法を含めて制定された法律については、それが「法規」の条文の文章構成、文言表現が不合理、不都合があるとしても可能な限り合理的な解釈ないしは運用を図らなければなりませんから、このため、前述の宮沢説のような解釈がなされるのです。しかし、憲法前文第一段落の後段の「これに反する一切の憲法、法令及び詔勅を排除する。」という箇所の「一切の憲法、法令及び詔勅」が、過去の「法規範」及び将来の「法規範」を指しているとは考え難い。これは、前述のような理由から、現在において存在している「法規範」を指すものと解すべきだと思います。そうなると「一切の憲法」とはどういうことなのかという疑問が生じます。なぜならば、日本国においては「憲法」という「法規」は複数は存在しないのであって、「日本国憲法」が唯一無二の憲法だからなのです。

この疑問を解決する手掛かりとして、アメリカ合衆国憲法を参照する必要があります。アメリカ合衆国憲法第六条は「最高法規」について、第二項が次のように定めています。

2 （連邦優位）この憲法、この憲法に準拠して制定される合衆国の法律および合衆国の権限に基づいてすでに締結され、または将来締結されるすべての条約は、国の最高法規である。各州の裁判官は、州の憲法または法律の中にこれと矛盾する規定のある場合といえども、これに拘束される。

ここで注目すべきは、「この憲法」、つまり、アメリカ合衆国憲法によって「各州の憲法」は拘束されるのです。換言すれば、「アメリカ合衆国憲法」は「州憲法」に優越するということであります。このようなことは日本人の感覚からすれば極めて当然のことであり、敢えて明文の規定を設ける必要はないと思われるかも知れませんが、アメリカ合衆国の成立の経緯、沿革を見ればそうとは言えないのです。元々はイギリスの植民地であったアメリカの東部（独立後十三の州を構成することになる）地域の住民が、一七七六年の独立戦争でイギリスに勝利して独立を達成し、「アメリカ合衆国」が成立したのですが、その後もいくつかの州併合等をしながら、次第に国家の領域を拡大して今日の「アメリカ合衆国」が形成されたことは周知の歴史的事実であります。そして、アメリカ合衆国憲法の制定は一七八八年ですが、それよりも前に、バージニア州憲法を始めとする幾つかの「州憲法」が制定されていたこと等からも明らかなように、「各州」はかなり独立性が強く、あたかも国家のような存在だったのであり、それらの連合体にすぎなかったのが、当初の「アメリカ合衆国」なのです。そうであるならば「アメリカ合衆国」と言う「連邦」と、これを構成する「各州」とは、その優劣関係は一概に「連邦が州に優位する」とは考えられてはいなかったのです。このことが、ひいては「アメリカ合衆国憲法」と「各州憲法」との形式的効力の優劣についても明文で明確にその優劣を規定する必要があったものと考えるのが相当なのです。

このマッカーサー草案の「此ノ憲法ト抵触スル一切ノ憲法」という表現もアメリカ合衆国憲法第六条第二項の規定に触発されたように思われます。しかし、我が国は、アメリカ合衆国とは全くその成立過程を異にし、有史以来、圧倒的に強力な大和朝廷の武力による勢力拡大の末に日本国が成立したのであり、伝統的に「中央集権国家」なのであり、国家の最高法規である「憲法」が複数存在したことはなかったし、現在も、我が国における成文憲法は、昭和二十一年十一月三日に公布され、翌二十二年五月三日に施行された唯一無二の「日本国憲法」が在るだけなのです。

かくして、日本国憲法前文第一段落の後段の「これに反する一切の憲法」の箇所は無用なものです。

注

（1）吉國一郎共編『法令用語辞典』第九次改訂版、学陽書房、四百十一頁。

②憲法第十一条、第十二条及び第十三条・これらは憲法前文に置くべき

憲法前文には、代表民主主義（間接民主主義）、国民主権主義、永久平和主義、国際協調主義などを謳っているのですが、不思議なことに「基本的人権の保障」（つまり「権利宣言」）に相当する記述が全く見られないのです。大概、憲法の「前文」には、憲法制定の由来、沿革ないしは、その憲法の依って立つ基本原理、原則が記載されるものなのです。従って、例えば、憲法改正には限界があるとする立場からは、憲法改正の「限界」とは、日本国憲法の依って立つ基本原理を改めるようなことは、「憲法改正の限界」を超えるものであり、それは憲法の「改正」ではなくて、一種の「革命」であると言うように主張する有力な見解があり、その立場から主張される憲法改正の「限界」とは、「国民主権主義」、「永久平和主義」及び「基本的人権の保障」であると言われています。また、憲法改正に限界があるか否かと言う立場の相違を離れても、国民主権主義、永久平和主義及び基本的人権の保障は憲法の「基本原理」であると一般的に言われています。

ところが、このように極めて重要であるとされている基本原理の一つである「基本的人権の保障」に関する文言は、憲法「前文」中には全く欠落しており、そして、これが憲法「第三章」には、その章名を「国民の権利及び義務」として同章が「基本的人権の保障」を次に掲げるように、三箇条に分けて定めているのです。

第十一条　国民は、すべての基本的人権の享有を妨げられない。この憲法が国民に保障する基本

的人権は、侵すことのできない永久の権利として、現在及び将来の国民に与へられる。

第十二条　この憲法が国民に保障する自由及び権利は、国民の不断の努力によって、これを保持しなければならない。又、国民は、これを濫用してはならないのであって、常に公共のためにこれを利用する責任を負ふ。

第十三条　すべて国民は、個人として尊重される。生命、自由及び幸福追求に対する国民の権利については、公共の福祉に反しない限り、立法その他の国政の上で、最大の尊重を必要とする。

これらの三箇条は、言うならば、それ以降の第十四条から第四十条までに定められている具体的な「基本的人権保障規定」の「総論的部分」に相当するものであります。もっとも、強いてこのように三箇条に分けて規定するのではなくて、一つの「条」の内容を三段落、つまり三つの「項」に分けて定めても不自然ではないようなものです。

それはともかくとして、これら三箇条は、本来、憲法「前文」に置かれるべきものなのであり、そのように考えることによって、憲法「前文」において「基本的人権の保障」が全く存在しないことの説明がつくわけなのです。

なお、憲法第十三条の「すべて国民は、個人として尊重される。生命、自由及び幸福追求に対する国民の権利については、公共の福祉に反しない限り、立法その他の国政の上で、最大の尊重を必要とする。」という規定は、色々と含蓄のある内容を秘めているものらしく、第十四条から第四十条までに規定されている「具体的な基本的人権」が、憲法制定当時である今から七十年余の昔に考えられていた「基本的人権」であることから、それ以後その当時には考えられなかったか、又はそれ程には重要視されていなかった具体的な「基本的人権」（これを現在「新しい人権」と称するのですが）、例えば、肖像権、プライバシーの権利、環境権等、これらの基本的人権の根拠を、解釈上憲法第十三条に求める見解が有力なのです。この見解は、肖像権とか環境権等のいわゆる「新しい人権」はその憲法上の根拠を憲法第十三条の解釈に求めるのです。しかし、この「肖像権」、「プライバシーの権利」、環境権等を憲法上の「基本的人権」として認めるのであるならば、それ以外の、従来からの明文の規定である「基本的人権」と同様に、憲法上に明文化すべきなのであります。もっとも、そうなると、これは「憲法改正」ということになることから、それをしないで、安直に、専ら、憲法の「解釈」に頼って、憲法第十三条の解釈から同条をこれらの「新しい人権」なるものの根拠規定であると主張するのです。

ところで、このような「新しい人権」と称する「基本的人権」が認知される都度に、それらはすべて憲法第十三条の「解釈」から認められるものであるとすると、その「新しい人権」の内容ないしは限界が不明確であり、そのような「新しい人権」の解釈上の根拠としての憲法第十三条は、憲法の「最高法規」としての「法令統制規範」が正しく機能し得るのでしょうか。

③第三十四条・抑留と拘禁との差異とは

憲法第三十四条は「何人も、理由を直ちに告げられ、且つ、直ちに弁護人に依頼する権利を与へられなければ、抑留又は拘禁されない。又、何人も、正当な理由がなければ、拘禁されず、要求があれば、その理由は、直ちに本人及びその弁護人の出席する公開の法廷で示されなければならない。」と定めています。ここで「抑留」と「拘禁」とはいずれも「身柄の拘束」のことですが、異なった用語である以上、「身柄の拘束」のための要件は、この両者は当然のこととして同じではなく、「抑留」の要件は、本条の前段に定めてあり、「拘禁」の要件が本条の前段と「又」以下の後段にも定めています。そこで、この両者の意味ですが、宮沢俊義教授によれば、「「抑留」と「拘禁」とのちがいは、憲法の文字からは、かならずしも明確とはいえないが、「抑留」とは、一時的な身体の拘束をいい、「拘禁」とは、より継続的な身体の拘束をいうと解されている。刑事訴訟法にいう逮捕および勾引に伴う留置は「抑留」に当たり、勾留および鑑定留置は「拘禁」に当たるであろう。」と説かれ、さらに、「何人も、正当な理由がなければ、拘禁されず、要求があれば、その理由は、直ちに本人及びその弁護人の出席する公開の法廷で示されなければならない。」の箇所については、同教授は、「それだけでは、あまりにも当然のことをのべたもので、別に重要な意味を持つとはおもわれない。逮捕する理由があって逮捕されたからといって、それだけでは「拘禁」される理由にはならず、「拘禁」されるには、さらに「拘禁」を正当とするだけの理由がなくてはならないという趣旨であろう。」と説かれます。

しかしここで問題なのは、憲法第三十四条は国民がその身体を拘束される形態を「抑留」及び「拘禁」に分けており、「又」以下では、「正当な理由がなければ、拘禁されず……」とありますが、一方、「抑留」については「正当な理由がなければ抑留されず」とは定めていないのです。従って、この箇所を文面通りに読めば、「拘禁」するには「正当な理由」がなければならないが、「抑留」するには「正当な理由」は必要ではない、ということになるのではないかという疑問です。もっとも、この「正当な理由がなければ」を、前述の宮沢教授は「あまりにも当然のことをのべたもので、別に重要な意味を持つとはおもわれない。」とし、「「拘禁」されるには、さらに「拘禁」を正当とするだけの理由がなくてはならないという趣旨であろう。」と説かれます。

これは、憲法第三十四条の定める「国民の身体の拘束」を「抑留」と「拘禁」に分け、この両者について宮沢教授が「抑留」とは「一時的な身体の拘束をいい」、「拘禁」は「より継続的な身体の拘束」をいう、とする説明からは明快であり、この「抑留」及び「拘禁」はいずれも国民の身体を拘束するものであることから、そのための「理由を直ちに告げられ、且つ、直ちに弁護人に依頼する権利を与へられる」ことを両者共通の要件として、そして、さらに「拘禁」については、「抑留」よりも「より継続的な身体の拘束」であることから、そのための「正当な理由」、これを、宮沢説によれば「拘禁を正当とするだけの理由」として要求される、というわけであります。そして、宮沢説は、「抑留」とは、「逮捕及び勾引」を言い、「拘禁」とは、「勾留及び鑑定留置」を指します。

ここで「勾引」という用語が使われていますが、その意味するところは必ずしも明確ではありません[1]。

要するに短期間の身柄の拘束として「逮捕」と「勾引」を挙げているわけでありますが、これを刑事訴訟による被疑者及び被告人の「身体の拘束」に当て嵌めて見ると、以下のようになるのでしょうか。先ず、典型的な例で考えると、犯罪の容疑者（これを「被疑者」と言う）が司法巡査[2]によって「逮捕状による逮捕」又は「現行犯逮捕」又は「緊急逮捕」されて、被疑者は身柄を拘束され、次に、司法巡査はこの被疑者を司法警察員に引致し、司法警察員[2]は、その被疑者について「留置の必要があると思料する」ときは、被疑者が身体を拘束された時から四十八時間以内にその被疑者を検察官に送致することになり、検察官は被疑者を受け取ったときは、弁解の機会を与え、留置の必要がないと思料するときは直ちに被疑者を釈放すること、留置の必要があると思料するときは被疑者を受け取った時から二十四時間以内に裁判官に「被疑者の勾留」を請求しなければなりません。これら一連の手続きにおける時間の制限は「被疑者が身体を拘束された時から七十二時間を超えることができない」となっており、これが、検察官自身が逮捕状により被疑者を逮捕した場合には逮捕時から四十八時間以内に裁判官に被疑者の勾留を請求しなければならない（刑事訴訟法第二百三条、第二百四条等）となっています。

次に、「より継続的な身体の拘束」とされる「勾留」は、これには「被疑者の勾留（起訴前勾留）」と「被告人勾留（起訴勾留）」とがあります。被疑者の勾留は、その期間が十日を限度とし、この期間をさらに十日を限度としてその間何回かの延長ができ、内乱罪等の犯罪容疑の場合には、この期間をさらに五日を限度として何回かの延長ができます。

「被告人の勾留」は、勾留期間は二ヶ月であり、この期間は原則として一ヶ月ごとにこれを更新できるのであります（同法第二百八条、第二百八条の二、第六十条）。このようにして、「身体の拘束」にもその時間的な長短があることから、憲法が国民の「身体の拘束」について、「抑留」と「拘禁」に分けたことは格別に不合理とは思われませんが、しかし、前述のように「正当な理由がなければ、拘禁されず……」とあり、「抑留」については「正当な理由がなければ」という要件を付けていない。そうなると「正当な理由がなくても」抑留されるものと受け取られるおそれがあります。従って、前述したような「抑留」と「拘禁」との差異を踏まえるならば、第三十四条は次のように規定すべきです。

第三十四条　何人も、理由を直ちに告げられ、かつ、直ちに弁護人に依頼する権利を与えられなければ、抑留又は拘禁されない。又、何人も、拘禁された場合には、要求があればその理由は、直ちに本人及びその弁護人の出席する公開の法廷で示されなければならない。

注

（1）「勾引」という用語の意味は、被告人（刑事事件の裁判にかけられた者）の公判期日への出頭義務を確保するために裁判所へ強制連行することであり、①被告人が定まった住居を有しないとき、②被告人が正当な理由がなく、召喚に応じないとき、又は応じないおそれがあるときになされるものであります（同法第五十八条）。

（2）　刑事訴訟法は、警察官が一般に司法警察職員の資格を有することを定め、司法警察職員は「司法警察員」と「司法巡査」に分けます。原則として、巡査部長以上の階級にある警察官を「司法警察員」とし、巡査の階級にある警察官を「司法巡査」としています。

④第三十五条・有体物の捜索押収と無体物の捜索押収とは別物

憲法第三十五条第一項は「何人も、その住居、書類及び所持品について、侵入、捜索及び押収を受けることのない権利は、第三十三条の場合を除いては、正当な理由に基いて発せられ、且つ捜索する場所及び押収する物を明示する令状がなければ、侵されない。」と定めています。ここで、「捜索及び押収」の対象とされるものは専ら「有体物」（形の有る物）なのであって、これに対して、「無体物」（形のないもの、例えば、他人間の電話による会話）に対する「捜索及び押収」（他人間の電話による会話を「捜索、押収する」）ということは憲法制定当時は想定外だったのでしょう。ところが、時代を経て、昨今の犯罪状況に照らして、阿片、麻薬、覚せい剤に係る犯罪等の凶悪犯罪に有効に対処するためには、その「捜査及び押収」は、国家機関（捜査機関）による「通信傍受（電話盗聴）」という方法が極めて効果的で必要不可欠なものとなるに至り、ここに「犯罪捜査のための通信傍受に関する法律（平成十一年法律第百三十七号）」の成立を見るに至ったのです。

捜査及び押収について定める「刑事訴訟法（昭和二十三年法律第百三十一号）」が、憲法第三十五条にその根拠を有し、「捜索及び押収」の対象が「有体物」であるのに対し、犯罪捜査のための通信傍受に関する法律は「捜索及び押収」の対象を「他人間の電話等による会話」と言う「無体物」であると言うこの相違に注目すべきなのです。

犯罪捜査のための通信傍受に関する法律第二条第一項は「この法律において「通信」とは、電話その他の電気通信であって、その伝送路の全部若しくは一部が有線（有線以外の方式で電波その他の電磁波を送り、又は受けるための電気的設備に附属する有線を除く。）であるもの又はその伝送路に交換設備があるものをいう。」と規定し、同条第二項では「この法律において「傍受」とは、現に行われている他人間の通信について、その内容を知るため、当該通信の当事者のいずれの同意も得ないで、これを受けることをいう。」と定めています。従って、「通信傍受」が犯罪の「捜索及び押収」であるとすると、次のような問題が生じます。それは、前述の「有体物」に対する「捜索及び押収」であるならば、その対象物を憲法第三十五条で定めているように「明示する」（つまり「特定する、限定する」）ことは可能ですが、これに対して、「当事者間の電話による会話」（つまり「無体物」）の中から「犯罪に係る会話の部分」だけを「通信傍受すること（捜索及び押収の対象とすること）」は事実上不可能なわけです。従って、「通信傍受」制度の有効性、必要性は否定できないのですが、この制度を定めている「犯罪捜査のための通信傍受に関する法律」は憲法第三十五条第一項をその根拠とする以上は、憲法第三十五条第一項に違反抵触する「違憲無効の法律」というおそれは十分にあります。そうならないためには、憲法に「無体物に対する捜索及び押収」を認める旨の根拠規定を設け、それを具体的に実施する法律として、「犯罪捜査のための通信傍受に関する法律」を制定すべきなのです。それをしないで、便宜上、第三十五条第一項の解釈運用で通信傍受制度が憲法第三十五条第一項の範囲内にあるとして通信傍受制度の合憲性が是認されると考えたように思われます。

また、「通信傍受制度」の必要性、有用性は（麻薬犯罪等の摘発等の実例から明らかなように）否定し得ないものであることは認めるとしても、やはり憲法を改正しない限り、この「通信傍受」制度の根拠規定を憲法上に設けることは「憲法改正」という非常に困難な事態に直面するものですから、このため、「犯罪捜査のための通信傍受に関する法律」を違憲無効であるとする主張は沈黙させられたものと思われるのです。かくして、「通信傍受」制度の憲法違反の問題は沈静化しているようですが、一方、正規の「憲法改正」を回避して無理な「憲法解釈」（解釈の限界を超えているのですが）というような安直な措置が、さ程に強い反対もなく講ぜられると言うことは、正に、最高法規であるはずの憲法の「法令統制規範」及び「国務統制規範」の機能不全が極まっている証拠なのです。

繰り返しますが、通信傍受制度のような「無体物」に対する「捜索及び押収」が認められるためには、そのための根拠規定が憲法自体に存在することが是非必要なのであり、そのための憲法改正が必要なのです。

⑤第三十六条・残虐な刑罰とは何か

憲法第三十六条は「公務員による拷問及び残虐な刑罰は、絶対にこれを禁ずる。」と定めていますが、ここで「絶対に禁」じられている「残虐な刑罰」とはいかなるものをいうのかは必ずしも明確ではありません。常識的には「死刑」がこれに当たるのではないかと考えられました。

このため、「死刑は残虐な刑罰か否か」が裁判上争われ、現行憲法施行後の日も浅い昭和二十三年三月十二日付最高裁判所大法廷判決は、「生命は尊貴である。一人の生命は全地球よりも重い、死刑は、まさにあらゆる刑罰のうちで最も冷厳な刑罰であり、またまことにやむを得ざるに出ずる究極の刑罰である。」[1]という有名な書き出しで始まり、同判決は「刑法死刑の規定と憲法三十六条との関係につき、……刑罰としての死刑そのものが、一般に直ちに同条にいわゆる残虐な刑罰に該当するとは考えられない。ただ、死刑といえども、他の刑罰の場合におけると同様に、その執行の方法等がその時代と環境とにおいて人道上の見地から一般に残虐性を有するものと認められる場合には、勿論これを残虐な刑罰といわねばならぬから、将来若し死刑について火あぶり、はりつけ、さらし首、釜ゆでの刑のごとき残虐な執行方法を定める法律が制定されたとすれば、その法律こそは、まさに憲法第三十六条に違反するものというべきである。」と判示するのです。つまり、最高裁は、刑罰としての「死刑」それ自体は「残虐な刑罰」とは考えるのではなく、死刑の「執行方法等」が「その時代と環境とにおいて人道上の見地から一般に残虐性を有するものと認められる場合には、勿論これを残虐な刑罰といわねばならぬから、将来若し死刑について火あぶり、はりつけ、さらし首、釜ゆでの刑のごとき残虐な執行方法を定める法律が制定されたとすれば、その法律こそは、まさに憲法第三十六条に違反するものというべきである。」と判決しているのです。

この判決については、後述することとして、我が国の近代化は「明治維新」に始まるのですが、その明治維新の初期には、次のような内容の「太政官布告」が発せられていたことに注目すべきです。

絞罪器械図式（明治六年二月二十日太政官布告第六十五号）

府県へ

絞罪器械別紙図式ノ通改正相成候間各地方ニ於テ右図式ニ従ヒ製造可致事

絞架全図　実物　六十分ノ一

本図死囚二人ヲ絞ス可キ装構ナリト雖モ其三人以上ノ処刑ニ用ルモ亦之ニ模倣シテ作リ渋墨ヲ以テ全ク塗ル可シ

凡絞刑ヲ行フニハ先ツ両手ヲ背ニ縛シ紙ニテ面ヲ掩ヒ引テ絞架ニ登セ踏板上ニ立シメ次ニ両足ヲ縛シ次ニ絞縄ヲ首領ニ施シ其咽喉ニ当ラシメ縄ヲ穿ツトコロノ鉄鐶ヲ頂後ニ及ホシ之ヲ緊縮ス次ニ地ヲ離ル機車ノ柄ヲ挽ケハ踏板忽チ落シテ囚身凡一尺空ニ懸ル凡二分時死相ヲ験シテ解下ス

（凡絞刑云々以下ハ原文絞架図面ノ後ニアリ）

右太政官布告は、死刑は「絞首刑」と定め、絞首刑の刑場の装置及び具体的な「絞首刑」の執行方法を定めたものです。右太政官布告は大日本帝国憲法の制定（明治二十二年二月十一日）より早い、明治六年の布告であり、大日本帝国憲法下における「死刑」は、この太政官布告に定める「絞首刑」の執行方法によりなされたわけです。その後の現行日本国憲法下の「死刑」も、刑法（明治四十年法律第四十五号）第十一条第一項が「死刑は、刑事施設内において、絞首して執行する。」と定めている通り、まさに明治六年の太政官布告に定める「絞首刑」が死刑の唯一の執行方法なのです。

ところで「残虐な刑罰」と言えば、我が国の明治維新より前の時代において、特に室町時代後期の、群雄割拠していた戦国大名の領国においては、前述の最高裁判所判決にあるような、「火あぶり、はりつけ、さらし首、釜ゆで」等の残虐な刑の執行が行われており、その後の江戸時代でも、火あぶり、はりつけ、獄門等の刑罰が行われたことは歴史上明らかですが、しかし、我が国が近代化された「明治維新」以後は、現在に至るまで、このような「残虐な刑」は行われたことは皆無で、大日本帝国憲法自体においても「残虐な刑罰の禁止」と言うような定めはありません。それが突如として、日本国憲法第三十六条に「残虐な刑罰」禁止が定められたのです。そして、この第三十六条の淵源を辿ると、やはり、マッカーサー草案に行き着くのであり、同草案は次のように定めています。

第三十五条　過大ナル保釈金ヲ要求スヘカラス又残虐若ハ異常ナル刑罰ヲ科スヘカラス

右の規定を見て驚くことは、マッカーサー草案の起草者は、日本国の刑罰の歴史にも、日本国憲法制定当時の我が国の行刑の実態にも全く通じていなかったこと、全くの無知蒙昧からでしょうか、このような途方もない条項を書き添えているのです。

また、前掲の最高裁判所大法廷判決では「将来若し死刑について火あぶり、はりつけ、さらし首、釜ゆでの刑のごとき残虐な執行方法を定める法律が制定されたとするならば、その法律こそは、まさに憲法第三十六条に違反するものというべきである。」と判示していますが、この最高裁の判示では、将来に「火あぶり、釜ゆで等残虐刑罰法律」が成立する場合を想定して、そのときは憲法第三十六条が「最高法規」としての「法令統制規範」が機能することによって、そのような「残虐刑罰法律」を憲法違反で無効とすることができる、とでも言うのでしょうか。とにかく、憲法第三十六条の規定の存在意義を認めようとすれば、敢えて最高裁判所判決のように判示するしかないのかと思われますが[2]、本来、「憲法」を含めて、およそ「法規範」とは、現在の国家、社会の現実を如何に合理的に規律、規制すべきかということにその本質、存在意義があるものなのであって、将来起こるか起こらないかの不確実な事態を想定して、そのような事態を規律、規制するというものではないのです。従って、現在の国家社会を規律、規制する「実定法」としての憲法第三十六条の、「残虐な刑罰を禁止する」と言う内容の定めは、憲法の「最高法規性」に照らして果たして相応しい定めと言えるのか、大いに疑問です。

注

（1）最高裁判所判決中の「一人の生命は全地球よりも重い」という表現に類似するものとしては、「人の命は地球よりも重い（VITA HOMINIS GRAVIOREST QUAM ORBIS)」と言うラテン語の表現があります。

（2）憲法第三十六条の「残虐な刑罰は、絶対にこれを禁ずる。」と言う定めは、遠の昔に無くなってしまったこと（残虐な刑罰）を、それがあたかも存在するかのように、在りもしないこと（残虐な刑罰）の禁止を定めるものであり、全く的外れの、場違いの、希に見るトンチンカンな規定なのですが、そのようなトンチンカンな条項に付き合わされて、その解釈を判示しなければならない最高裁判所には、同情の念を禁じ得ません。

⑥第三十九条・事後法の禁止、二重の危険（処罰）を同じ条文に規定した拙劣な例

憲法第三十九条は「何人も、実行の時に適法であった行為又は既に無罪とされた行為については、刑事上の責任を問はれない。又、同一の犯罪について、重ねて刑事上の責任を問はれない。」と定めていますが、これらは「事後法の禁止」と「一事不再理」とを定めたものと一般に解されています。この点、宮沢俊義教授は次のように説かれます（宮沢俊義著・芦部信喜補訂『全訂日本国憲法』

三百二十九頁）。

本条は、事後法の禁止に関する部分は、アメリカ合衆国憲法の「事後法の制定は許されない」という規定（同法一条九節三項）に、一事不再理に関する部分は、同憲法の「二重の危険（DOUBLE JEOPARDY）」禁止の規定（同増補五条）に由来する。ところが、「二重の危険」……英訳にその言葉が出てくる……に関するとおもわれる規定が、本条の前段の後半と後段に分けて規定されているところから、その意味がすこぶる明確を欠き、各種の解釈がこれに関して対立している。日本国憲法が起草されたときの特殊な事情から生じた数多くの立法技術的な欠陥のひとつの例といえよう。

宮沢教授の説かれる通りであり、従って同条は次のように二つの項に分けるべきです。

第三十九条　何人も、実行の時に適法であった行為については刑事上の責任を問われない。

②何人も、既に無罪とされた行為については刑事上の責任を問われない。又、同一の犯罪について、重ねて刑事上の責任を問われない。

右条文の第一項が「事後法の禁止」であり、第二項が「一事不再理」です。

これらの規定は、その淵源を辿るとアメリカ合衆国憲法に至り、同憲法では次のように規定されています（阿部照哉・畑博行編『世界の憲法集』第四版、五頁、十二頁、有信堂）。

3　権利剝奪法または事後処罰法は、これを制定してはならない。

第一条第九節

修正第五条

……何人も、同一の犯罪について、重ねて生命身体の危険にさらされることはない。

次に、日本国憲法第三十九条の元となったマッカーサー草案の相当箇所を探ると、同草案第三十九条が次のように「事後法の禁止」を定めています。

何人モ実行ノ時ニ於テ合法ナリシ行為ニ因リ刑罰ヲ科セラルルコト無カルヘシ

また、同草案第三十七条は次のように「一事不再理」を定めています。

何人モ同一ノ犯罪ニ因リ再度厄ニ遭フコト無カルヘシ

このように、アメリカ合衆国憲法も、また、マッカーサー草案も、「事後法の禁止」と「一事不再理」とは別々に（別条として、又は別項として）規定されているのであり、これがまさに適切な規定の仕方なのであり、現行憲法第三十九条のように同一の条文でしかも、「項」を分けないで（つまり、条文に段落を設けないで）規定しているため分かり難く、前述の宮沢教授が指摘しているように拙劣な表現の条文なのです。

次に、仮に現行憲法第三十九条のような表現の仕方を認めるとしても、「又は既に無罪とされた行為については、刑事上の責任を問はれない。又、同一の犯罪について、重ねて刑事上の責任を問はれない。」とある箇所は、「又は」以下の部分と、「又」以下の部分とは一部重複しており、「又は既に無罪とされた行為については」の箇所は、「又、同一の犯罪について、重ねて刑事上の責任を問はれない。」に包含されるべきなのです。

このようにして、第三十九条は最終的には、次のように「事後法の禁止」と「一事不再理」とを二つの「項」に分けて規定すべきなのです。

第三十九条　何人も、実行の時に適法であった行為については、事後に刑事上の責任を問われない。

②何人も、同一の犯罪について、重ねて刑事上の責任を問われない。(1)

注

（1）法令の条文は元々「項番号」が付いていないのです。このため大日本帝国憲法時代の法令や現行憲法制定以後の日が浅い頃に制定された法令にもやはり「項番号」（アラビア数字で、2・3・4・5・6……というように）が付いていませんでした。その理由として、「項番号」とは一つの条文を一つの文章と見立てた場合の、その文章の「段落」を「項」と言うのであり、従って、第二段落を「第二項」、第三段落を「第三項」と呼称します。この段落があることを明らかにするために、各段落の書き出しは「一文字分」空けるのです。しかし、段落（項の数）が多くなるにつれて第何番目の段落（第何番目の項）であるかを識別することが困難になることから、現在の立法では、あらゆる法令は前述のようにアラビア数字でもって「項番号」を付すことにしています。なお、「六法全書」などで法令の条文に②・③・④・⑤……とあるようにアラビア数字を○で囲っているのは、六法全書の編集部で、読者の便宜を図って付けたものです。従って、右の第三十九条で、後の「何人も、」で始まる条文は、「項番号」はついてはいませんがこれは、前述のように、憲法制定当時は「項番号」を付さない方式であったからであり、第三十九条の初め（第一項）は「事後法の禁止」を定め、第二段落（第二項）は、「項番号」を付さないが「一事不再理」（二重の危険の防止）を定めるものです。このように憲法第三十九条は、二つの「項」に分けて、つまり改行して定めるべきものです。

⑦第四十一条・国権の最高機関である国会と三権分立の関係

憲法第四十一条は「国会は、国権の最高機関であって、国の唯一の立法機関である。」と定めています。ここで「国の唯一の立法機関である」の箇所は措くとして、「国権の最高機関」の意味するところは明確ではありません。憲法においては「国会」、「内閣」及び「裁判所」という三つの国家機関がそれぞれ「立法権」、「行政権」及び「司法権」を担う「三権分立」の統治機構であり、この三権は対等であることと、その「三権の間の相互の均衡と抑制」について規定していることからすると、国会は「国権の最高機関であって」とは何かと言うことで議論のあるところです。

この憲法第四十一条もマッカーサー草案にその淵源を求めることができるのであり、同草案は、「第四章国会」の章の第四十条及び第四十一条で次のように定めています。

第四十条　国会ハ国家ノ権力ノ最高ノ機関ニシテ国家ノ唯一ノ法律制定機関タルヘシ

第四十一条　国会ハ三百人ヨリ少カラス五百人ヲ超エサル選挙セラレタル議員ヨリ成ル単一ノ院

ヲ以テ構成ス

以上の二箇条から、明らかなようにマッカーサー草案によれば、国会は「一院制」を構想したわけですが、問題は「国会ハ国家ノ権力ノ最高ノ機関ニシテ」の実質的な意味を窺わせる定めがあるか否かなのですが、この二箇条以外にも「第四章国会」の章においては、格別そのような規定を見出すことはできません。しかし、マッカーサー草案「第六章司法」の章の中に、「最高法院」に係る条項が次のように定めていることが注目に値します。

第七十三条　最高法院ハ最終裁判所ナリ法律、命令、規則又ハ官憲ノ行為ノ憲法上合法ナリヤ否ヤノ決定カ問題ト為リタルトキハ憲法第三章ニ基ク又ハ関連スル有ラユル場合ニ於テハ最高法院ノ決定ヲ以テ最終トス法律、命令、規則又ハ官憲ノ行為ノ憲法上合法ナリヤ否ヤノ決定カ問題ト為リタル其ノ他有ラユル場合ニ於テハ国会ハ最高法院ノ判決ヲ再審スルコトヲ得

再審ニ附スルコトヲ得ル最高法院ノ判決ハ国会議員ノ三分ノ二ノ賛成ヲ以テノミ之ヲ破棄スルコトヲ得国会ハ最高法院ノ判決ノ再審ニ関スル手続規則ヲ制定スヘシ

ここで、明らかなことは「最高法院」に「法律、命令、規則又は官憲の行為に対する最終の違憲立法審査権」を与えていることです（これは現行憲法第八十一条に承継されました）が、それは「憲法第三章ニ基ク又ハ（憲法第三章ニ）関連スル有ラユル場合」に限ってのことです（マッカーサー草案の「第三章」の章名は「人民ノ権利及義務」であり、現行憲法第三章に引き継がれて「国民の権利及び義務」となります）。そして同草案は、「憲法第三章ニ基ク又ハ関連スル有ラユル場合」ではない「法律、命令、規則又ハ官憲ノ行為」に対する最高法院の「合憲性の判断（違憲性の判断）」については、国会が「再審スルコトヲ得」と定めているのです。ここに注目すべきであって、現行憲法の「最高裁判所」に相当する「最高法院」の「法律、命令、規則又ハ官憲ノ行為（現行憲法第八十一条で定める「処分」）」に対する違憲又は合憲の判断であっても、「人民ノ権利及義務（現行憲法の「国民の権利及び義務」）」に基づくか関連を有すると言うものではない法律等の違憲又は合憲の判断については、その合憲性（違憲性）の判断に対しては、これを「国会」が「再審」することができるということなのであります。つまり、国会の行うことのできる「再審」の対象が「最高法院」が司法権の行使としての「終審としての裁判」の判断（判決）と言うことなのですから、これは本来、「立法権」を行使する国家機関である「国会」にこのような「違憲立法審査権」を与えているということは、「国会」に対してある種の「憲法裁判所的権限」を付与したものと考えることができるのではないでしょうか。そして、「国会」に対して、このような「憲法裁判所的権限」を付与していることを踏まえて、マッカーサー草案第四十条が「国会ハ国家ノ権力ノ最高ノ機関ニシテ」と定めるに至ったものなのではないでしょうか。

しかし、現行憲法は、マッカーサー草案第七十三条は承継しなかったのですが、同草案第四十条の「国会ハ国家ノ権力ノ最高ノ機関ニシテ」と定めている個所は引き継いで、憲法第四十一条が「国会は国権の最高機関であって、」とするに至ったのです。このため国会は「国権の最高機関」という意味が分からなくなってしまったのではないかと思われます。

もっとも、法規の条文の出来栄え、表現の仕方がいかに拙劣であろうとも、そこは可能な限り辻褄の合った解釈をするように努めることが法律学者の言わば務めなのであり、かくして、国会は「国権の最高機関」と言うことの意味について、憲法学者の間では、国会の「統括機関説」、「総合調整機関説」、「政治的美称説」等の諸説が説かれており、その中で「政治的美称説」が有力のようであります。この説は、国会は、主権者である国民から直接選挙された国民の代表者で構成される国家機関であり、従って、主権者たる国民に最も近い国家機関であることから最大の尊敬を受ける国家機関であると言えるのであり、このことを指して「国権の最高機関」と称するのであると説明されています。しかし、一方では、「政治的美称説」は、その説くところの国会は「国権の最高機関」ということには特に法的意味を持つものではないと言われているのです。

しかしそうであるならば、第四十一条の国会は「国権の最高機関」にして、と定めることは、憲法の「最高法規」としての「法令統制規範」、「国務統制規範」は何ら機能することはなく、従って「最高法規」たる憲法の条文としては相応しくないものです。

なお、言うならば、憲法第四十一条は「国会は、……国の唯一の立法機関である。」と定めていますが、第五十八条第二項は、国会の両議院に各「規則制定権」を認めており、これが衆議院規則及び参議院規則です。また、第七十七条では最高裁判所に規則制定権を認めており、これが「最高裁判所規則」です。さらには、第九十五条では「地方自治特別法」の住民投票制度が定められており、このような例外を憲法自身に規定していることを勘案するならば、国会は「国の唯一の立法機関」と規定するのは大上段に振りかぶった感を免れず、不正確な規定内容であると言うことになります。

この点、創憲会議編『新憲法草案』は、次のように「国会の最高機関」を削りました。

（立法権）

第四十九条　立法権は、国会に属する。

また、読売憲法改正案も、第五十二条として次のような、右新憲法草案と全く同様の規定を設けています。

（立法権及び役割）

第五十二条　立法権は、国会に属する。（第二項　省略）

右の二件の憲法改正案のように、立法権が原則として国会に属するように表現することにより、その例外を憲法自身に規定することが容易になる、つまり、例外規定の据わりが良くなるのです。

⑧第五十四条・参議院の緊急集会の「緊急」の意味するものとは

憲法第五十四条第二項は「衆議院が解散されたときは、参議院は、同時に閉会となる。但し、内閣は、国に緊急の必要があるときは、参議院の緊急集会を求めることができる。」と定め、同条第三項は「前項但書の緊急集会において採られた措置は、臨時のものであって、次の国会開会の後十日以内に、衆議院の同意のない場合には、その効力を失ふ。」と定めています。これが「参議院の緊急集会」の制度ですが、ここでの「緊急集会」という用語には「かなり誇張した表現」と言うか、むしろ誤用に近いものが感じられます。要するに、我が国の国会（立法府）は二院制を採っていることから、「国会の意思決定」は原則として衆議院と参議院の両者の意思が合致して初めて成立するものなのです。ところが、憲法は「衆議院の解散」制度を設けているために、衆議院が解散され、衆議院が存在しなくなっている間に、国会の議決（意思決定）を必要とする事案が生じた場合には、国会を「召集」（開会）することはできず、このため、国会を構成するもう一方の「院」である「参議院」の所属議員を召集して、「参議院」をして「国会の権限の臨時代行」をさせようとするのが「参議院の緊急集会」と言う制度です。「衆議院」を解散させる制度を設けている以上は、その衆議院の解散中に「国会の議決を要する案件」の発生することは当然に予想されることですから、「国会の議決案件」を議決するためと言うことで、二議院のうちの、もう一方の議院である「参議院」に国会の権限を行使（代行）させようということは適切、妥当な制度であるとは言えるわけです。

もっとも、これを「参議院の緊急集会」と称するのは、事の性質からして、本来の「緊急」事態に対処すると言う意味合いのものではなく、「緊急」と言う用語の正確さを欠き、誤解を与えるものと思われてなりません。とにかく、会議を開いて物事を議決、決定することができるような事態では、およそ緊急事態ではないのです。実際、過去において二度参議院の緊急集会が開かれました

が、その緊急集会において議決された事案は決して「緊急案件」などと言うものではありませんでした。(1)

本来、「緊急」と言う用語は「緊急事態」と言うように、又は「非常事態」と言う表現においてこそ用いられるべきものなのです。

従って、例えば「国家非常事態」とか、「国家緊急事態」のような場合には、憲法第五十四条第二項及び第三項に定める「参議院の緊急集会」などで対処できるような性質のものではないことは言うまでもありません。

かくして、憲法第五十四条第二項及び第三項に規定する「参議院の緊急集会」は、その規定内容から見て誤解を生じる表現であり、正確には、「参議院の暫定的国会代行集会」とでも呼称すべきものではないでしょうか。

この際、ついでに言えることは、日本国憲法には「国家非常事態」とか「国家緊急事態」に対処するための措置を定めた条文は全く見当たりません。これは、世界に冠たる「平和憲法」の故にでしょうか。「国家緊急事態」を定めるようなことは平和憲法の立法者にとって全くの想定外だったのかも知れません。と言うよりも、現行憲法の淵源であるマッカーサー草案の起草者自身は、圧倒的な武力でもって大日本帝国を降伏させ、その敗戦国に対しては、言わば、「軍政」を布いたGHQの長であるマッカーサー元帥のスタッフなのであり、このスタッフにとっては、このような圧倒的武力でもって占領している「軍政下」の日本国の内外における「非常事態」とか「緊急事態」が起こることを懸念する必要は全くなかったわけです。言うなればGHQ自体が非常事態、緊急事態に対処することのできる「政治的行政的組織体」であり、そして、何よりも「軍事的組織体」なのであり、それら「組織体の長」であるマッカーサー元帥のスタッフの起案したマッカーサー草案のほぼ大部分を「引き写し」また、「引き継いだ」内容の「日本国憲法」なのですから、日本国憲法には「非常事態」とか「緊急事態」を想定した規定が設けられなかったのは至極当然のことだと思われます。

しかし、これは、遙か七十年余の昔のことであって、被占領国であった日本国に軍政を布いたGHQ、つまりは、「連合国幕府」(2)とも言うべき存在は既に無くなって久しいのですから、独立国日本の憲法に相応しく「国家緊急事態」ないしは「国家非常事態」について定める憲法でなければならないと思うのです。

この点について、法律の次元では、既に「武力攻撃事態等におけるアメリカ合衆国の軍隊の行動に伴い我が国が実施する措置に関する法律（平成十六年法律第百十三号）」、「武力攻撃事態等における国民の保護のための措置に関する法律（平成十六年法律第百十二号）」、「武力攻撃事態等における我が国の平和と独立並びに国及び国民の安全の確保に関する法律（平成十五年法律第七十九号）」、「武力攻撃事態における外国軍用品等の海上輸送の規制に関する法律（平成十六年法律第百十八号）」、「武力攻撃事態等における捕虜等の取扱いに関する法律（平成十六年法律第百十七号）」、「周辺事態に際して我が国の平和及び安全を確保するための措置に関する法律（平成十一年法律第六十号)」、「周辺事態に際して実施する船舶検査活動に関する法律(平成十二年法律第百四十五号)」が成立し、公布されているのです。

しかしながら、日本国憲法には「国家緊急事態」ないし「国家非常事態」に関する何らの規定も存在しないことから、憲法は、これらの国家緊急事態立法に対しては「最高法規」としての「法令統制規範」が機能することは望めないのです。

なお、読売憲法改正案では、国家緊急事態について次のような規定を設けています。

(緊急事態の宣言、指揮監督)

第八十九条　内閣総理大臣は、国の独立と安全又は多数の国民の生命、身体若しくは財産が侵害されるおそれがある事態が発生し、その事態が重大で緊急に対策をとる必要があると認めるときは、法律の定めるところにより、全国又は一部地域について、緊急事態の宣言をすることができる。

2　前項の宣言には、その区域、宣言を必要とする事態の概要及び宣言の効力が生ずる日時を明示しなければならない。

3　内閣総理大臣は、緊急事態の宣言を発した場合には、法律に基づき、自衛のための軍隊のほか、警察、消防等の治安関係機関を一時的に統制し、それぞれの機関の長を直接に指揮監督できる。また、前段に定めるもの以外の国の機関、地方自治体その他の行政機関に、必要な指示及び命令を行うことができる。

（国会承認と宣言の解除）
第九十条　内閣総理大臣は、緊急事態の宣言を発したときは、二十日以内に国会に付議して、その承認を求めなければならない。衆議院が解散しているときは、緊急集会による参議院の承認を求めなければならない。
2　内閣総理大臣は、国会が緊急事態の宣言を承認しなかったとき、又は宣言の必要がなくなったときは、すみやかに宣言を解除しなければならない。
（内閣総理大臣の緊急措置、基本的人権の制限）
第九十一条　内閣総理大臣は、緊急事態の宣言を発した場合には、国民の生命、身体又は財産を守るためにやむをえないと法律が認める範囲内で、身体、通信、居住及び移転の自由並びに財産権を制限する緊急の措置をとることができる。
2　内閣総理大臣は、前項の措置をとる場合には、この憲法が国民に保障する基本的人権を尊重するよう務めなければならない。
また、自民党改憲草案では、「第九章緊急事態」と言う「一章」を設けて、次の二箇条を設けています。

（緊急事態の宣言）

第九十八条　内閣総理大臣は、我が国に対する外部からの武力攻撃、内乱等による社会秩序の混乱、地震等による大規模な自然災害その他法律で定める緊急事態において、特に必要があると認めるときは、法律で定めるところにより、閣議にかけて、緊急事態の宣言を発することができる。
2　緊急事態の宣言は、事前又は事後に国会の承認を得なければならない。
3　内閣総理大臣は、前項の場合において不承認の議決があったとき、国会が緊急事態の宣言を解除すべき旨を議決したとき、又は事態の推移により当該宣言を継続する必要がないと認めるときは、法律の定めるところにより、閣議にかけて、当該宣言を速やかに解除しなければならない。また、百日を超えて緊急事態の宣言を継続しようとするときは、百日を超えるごとに、事前に国会の承認を得なければならない。
4　第二項及び前項後段の国会の承認については、第六十条第二項の規定を準用する。この場合において、同項中「三十日以内」とあるのは、「五日以内」と読み替えるものとする。
（緊急事態の宣言の効果）
第九十九条　緊急事態の宣言が発せられたときは、法律の定めるところにより、内閣は法律と同一の効力を有する政令を制定することができるほか、内閣総理大臣は財政上必要な支出その他の処分を行い、地方自治体の長に対して必要な指示をすることができる。
2　前項の政令の制定及び処分については、法律の定めるところにより、事後に国会の承認を得なければならない。
3　緊急事態の宣言が発せられた場合には、何人も、法律の定めるところにより、当該宣言に係る事態において国民の生命、身体及び財産を守るために行われる措置に関して発せられる国その他公の機関の指示に従わなければならない。この場合においても、第十四条、第十八条、第十九条、第二十一条その他の基本的人権に関する規定は、最大限に尊重されなければならない。

4　緊急事態の宣言が発せられた場合においては、法律の定めるところにより、その宣言が効力を有する期間、衆議院は解散されないものとし、両議院の議員の任期及びその選挙期日の特例を設けることができる。

さらに、この国家緊急事態に際しては、創憲会議編『新憲法草案』は、次のような規定を設けています。

（緊急事態への対応）

第八十七条　防衛緊急事態、治安緊急事態および災害緊急事態において、内閣総理大臣および国会が行使する権限は、本条の定める原則に従い、法律でこれを定める。

2　内閣総理大臣は、この憲法および法律に基づいて、緊急事態の宣言を発し、軍隊、警察、消防その他国及び地方自治体のすべての機関に対し、直接に必要な措置を命ずることができる。

3　内閣総理大臣は、緊急事態の宣言を発した後十五日以内に、国会の承認を求めなければならない。国会両院を召集することができないときは、合同委員会に承認を求めなければならない。

4　緊急事態が宣言されている間は、衆議院を解散してはならない。

5　緊急事態において内閣総理大臣が命ずる措置は、国民の生命、自由及び財産を保護するために必要な最小限のものでなければならない。
産経新聞社著『国民の憲法』は、「第十一章緊急事態」の章に次の三箇条を設けました。

（緊急事態の宣言）
第百十四条　外部からの武力攻撃、内乱、大規模テロ、大規模自然災害、重大なサイバー攻撃その他の緊急事態が発生した場合には、内閣総理大臣は、国会の事前のまたは事後の承認のもとに、緊急事態を宣言することができる。

（緊急命令および緊急財政処分）
第百十五条　緊急事態が宣言された場合には、危機を克服するため、内閣は、法律に代わる政令を定め、および緊急財政処分を行うことができる。
2　前項の目的を達成するため、必要やむを得ない範囲で内閣は、第三十条（通信の秘密）、第三十四条（住居、移転および職業選択の自由）、第三十五条（財産権及び知的財産の保護）、第三十六条（適正手続きの保障）および第三十七条（逮捕、抑留・拘禁および捜索・押収に対する保障）の権利を制限することができる。

（失効宣言）
第百十六条　前条の政令および緊急財政処分について、内閣は、速やかに国会の承認を経なければならない。
2　前項の承認が得られなかったときは、内閣はその失効を宣言しなければならない。

以上のように、「緊急事態」に関して、各憲法改正案とも、実に適切な規定を設けており、正に「緊急」と言う用語は、このような場合にこそ用いられるべきものです。

注

（1）これまで二回開かれた「参議院の緊急集会」は、第一回は、第十四回国会閉会後の昭和二十七年八月三十一日に召集され、中央選挙管理会委員及び予備委員指名の件、昭和二十八年度一般会計暫定予算、昭和二十八年度特別会計暫定予算、昭和二十八年度政府関係機関暫定予算が議決された。そしてこれらの議決された案件は、次の第十五回国会の昭和二十七年十月二十五日に衆議院の同意を得た。第二回は、第十五回国会後の昭和二十八年三月十八日から同月二十日の緊急集会の期間に、国会議員の選挙等の執行経費の基準に関する法律の一部を改正する法律案（閣法第一号）、不正競争防止法の一部を改正する法律案（閣法第二号）、国立学校設置法の一部を改正する法律案（閣法第三号）、期限等の定めのある法律につき当該期限等を変更するための法律案（閣法第四号）を成立させた。そして、これらの法律は、次の第十六回国会の昭和二十八年五月二十七日に衆議院の同意を得た（参議院事務局編集による昭和六十三年版「参議院先例集」五百八十六頁による）。

（2）日本の歴史上「幕府」の起源は、大和朝廷が圧倒的な軍隊を擁して陸奥国、出羽国等の現在の東北地方に侵攻し、占領した地域に「臨時政府」を設けて占領地の住民（「蝦夷《えみし》」）を統治した時の、この臨時政府が「幕府」と称するものなのです。源氏の統領であった源頼朝の「鎌倉幕府」

は、この故知に由来します。太平洋戦争において大日本帝国を敗退せしめたアメリカを中心とした連合国軍は日本国に侵攻して国土を占領したのですが、この連合国軍（これを「進駐軍」と称する）は、日本国に実質上「軍政」を布いたのであり、GHQが（間接統治でしたが）軍政を行いました。従って、このGHQは、日本流に言えば「幕府」なのです。

⑨第六十六条第二項・文民条項は経過規定であり、補則に置くべき

憲法第六十六条第二項は「内閣総理大臣その他の国務大臣は、文民でなければならない。」と定めています。[1] しかし、第九条であらゆる軍隊を否定していると解する立場からは、この第二項は存在意義が問われる無用の定めと言うことになります。[2]

ところが、第九条はあらゆる戦争を否定していると解する説に立って、この「文民」規定を意義あるものと解するために、A説は、「文民」とは、職業軍人の経歴を持たない者をいう、と説き、B説は「文民」とは、強い軍国主義思想の持ち主でない者をいう、と説きます。ここで、B説のように人の「思想」を国務大臣の適格性の要件とすることは問題であり、また、人の内心に立ち入って「強い軍国主義の思想の持ち主であるか否か」の判断をすることは現実的ではないと思います。この点で、A説の方が説得力があるように思われます。

そこで、A説に立って「職業軍人の経歴を有しない者」が「内閣総理大臣その他の国務大臣」の

資格要件であるとした場合、現行憲法施行当時、つまり、昭和二十二年（一九四七年）五月三日の時点では、衆議院議員の被選挙権を有した者（二十五歳以上の者）で「職業軍人の経歴を有する者」は多数存在していたのですから、この規定の存在意義は十分にあったのです。しかし、令和元年（二〇一九年）五月三日現在で見ると、新憲法施行の日から七十二年を経過しているのであり、仮に当時二十五歳であった者はもう既に九十七歳になるわけです。それ以後も、時が経過するに従ってこの「文民条項」は限りなく「該当者不存在」となるわけです。つまり、憲法第六十六条第二項は、その適用対象者の不存在による「適用の無い憲法の条文」というべきものになるのです。さらに言えば、この憲法六十六条第二項のような規定は、一種の「経過規定」なのですから、これが、(憲法ではなくて)「法律」であるならば法律の「本則」ではなくて「附則」において規定されるものなのです。この点、現行憲法にも「第十一章補則」という「章」が設けられており、憲法の「補則」とは「法律」で言えば「附則」に相当するものですから、そこでは幾つかの「経過規定」が定められており、憲法第六十六条第二項の定める「文民条項」も、この「第十一章補則」に置かれるべきものなのです。

これらの点は別にして、とにかく、憲法第六十六条第二項は、将来にわたっては「最高法規」としての「法令統制規範」及び「国務統制規範」は機能する余地は無くなります。

なお、自民党改憲草案では、第九条の二に「国防軍」としての軍隊を設けることを定めていますから、「文民統制」に関しては、このように本則に規定して問題は無いわけであり、自民党改憲草案第六十六条第二項は次のように定めています。

2　内閣総理大臣及び全ての国務大臣は、現役の軍人であってはならない。

注

（1）日本国憲法は、ここでは「内閣総理大臣その他の国務大臣」と表現しており、一方、第九十九条の「憲法尊重擁護義務」は「国務大臣」の中に「内閣総理大臣」を含めており、このため「内閣総理大臣その他の国務大臣」という表現はしていません。これは、第九十九条では「内閣総理大臣」と「その他の国務大臣」の両者を同様に扱っていて、両者ともに等しく「憲法尊重擁護義務」を負うのであり、そこには全く差異はないからであります。そうであるならば、「内閣総理大臣その他の国務大臣」も同じく「職業軍人の経歴を有しないこと」がその資格要件であり、そこには両者に差異はないのです。それならば、第六十六条第二項は「国務大臣は、文民でなければならない。」と表現すべきなのです。

（2）憲法第六十六条第二項（「文民」条項）を本則に設けたことから、憲法第九条第一項は「自衛戦争は否定していない」と解する説にその根拠を与えることになるのです。

⑩第六十六条第三項と第六十八条第二項・内閣総理大臣の国務大臣罷免権と内閣の連帯責任

憲法第六十六条第三項は「内閣は、行政権の行使について、国会に対し連帯して責任を負ふ。」と定めています。これは、内閣が「合議制の行政機関」である以上、連帯責任は当然のことなのです。一方、第六十八条第二項では「内閣総理大臣は、任意に国務大臣を罷免することができる。」と定めていますが、これは、内閣が「国会に対して連帯責任」を負うことと、内閣が「合議制の行政機関」であることとの「整合性」を欠くのではないかという問題が生じます。また、第六十八条第二項の「任意に」という文言は「勝手に」とか「思うままに」というように何らの制約もない、と解することができますから、そうなると内閣総理大臣にこのような絶大な権限を認めている「内閣」とは、果たして「合議制の行政機関」と言えるのかと言うことになります。

この点について、宮沢俊義教授は、次のように説いています（宮沢俊義著・芦部信喜補訂『全訂日本国憲法』五百二十九頁）。

「任意」とは、別段の法律的制限を受けずに、の意味である。すなわち、内閣総理大臣の自由な裁量によって、の意味である。

「任意」とは、勿論恣意的に、の意味ではない。内閣総理大臣が国務大臣を罷免するには、当然に正当な理由がなくてはならない。ただ、その場合の正当な理由の有無は、ひとえに内閣総理大臣の判断によってきまる、とするのが本条の趣旨である。

本条は、かように、内閣総理大臣の罷免行為には、なんらの制限もみとめられておらず、内閣総理大臣は、いつでも、どのような理由によってでも、各国務大臣を罷免できるとする趣旨であるから、法律で本条の罷免権になんらかの制限をつけること……たとえば、組閣後三か月間は罷免を許さないとか、国務大臣を罷免するときは、罷免の理由を本人に通告しなくてはならないとか、罷免を行うときは閣議の意見を聞くを要するとか、定めること……は、許されないと解すべきである。

宮沢教授はこのように説きますが、確かに、「内閣総理大臣は、任意に国務大臣を罷免することができる。」と定めることは宮沢説のように解するべきであり、内閣が「合議制の国家機関」であることから、内閣総理大臣の権限をこのように抑制する解釈が穏当なところではないかと思われます。しかし、「任意に」とはそのような抑制的な意味はないと思われます。

大日本帝国憲法の時代には、内閣総理大臣はその他の国務大臣に対しては「同輩中の首席」という位置付けであり、内閣総理大臣には、国務大臣に対する「罷免権」はなかったのです。そして、このことが、内閣の不統一、不安定を醸成し、その弊害が大きかったことから、現行憲法は「内閣総理大臣の内閣統制権」を強めるために、このような規定を設けたのだと一般に説明されているのです。ところで、この規定の淵源もマッカーサー草案にあり、同草案第六十二条第二項は次のように規定しています。

総理大臣ハ個々ノ国務大臣ヲ任意ニ罷免スルコトヲ得

しかし、マッカーサー草案のこの規定は、「内閣」が「合議制の機関」であることを看過して、「内閣」という「合議制の行政機関の長」である「内閣総理大臣」を、「独任制の行政機関」であるアメリカの大統領職に限りなく近い地位にあるかのように錯覚したのではないでしょうか。そしてこのマッカーサー草案を引き写したものが、他ならぬ憲法第六十八条第二項なのですが、内閣総理大臣の内閣統制権の強化を図る必要性は認めるにしても、内閣総理大臣の内閣統制権の強化については、一方では、内閣が「合議制の行政機関」であることを見過ごしてはならないのであって、また、内閣総理大臣の権限強化のための手段の合理性にも配慮すべきなのであり、そこには「LRAの原則」[1]が考慮されなければならないと思います。

これらの諸要求に配慮したものとして、かつて、井出成三氏はその著『困った憲法・困った解釈』（時事新書、昭和四十五年）において、憲法第六十八条第二項は「内閣総理大臣は、みだりに国務大臣を罷免することができない。」と定めるべきであると説いています。

右の井出成三氏の案文については「国務大臣は、正当な事由がなければ内閣総理大臣から罷免されることはないものとする。」とも定めることができると思います。

注

（1）「LRA（Less Restrictive Alternative）の原則」とは、「より制限的でない他の選び得る手段の基準」などと説明されています。これは、ある目的を達成しようとする場合には、その目的達成の手段としての行為に一定の規制を課さなければならない場合があるが、その場合に、行為の規制の方法及び程度のうちのより緩やかなものが選択し得るならば、その緩やかな行為規制手段を用いるべきであるということです。憲法第六十八条第二項は、内閣総理大臣の「内閣統制機能」を強化する目的のために「内閣総理大臣は、任意に国務大臣を罷免することができる。」と定めたわけですが、このような圧倒的に強力な手段を認めなくても、より緩和された手段及び方法によって、内閣総理大臣の「内閣統制権能」を確保し得るのではないかと思われるのであって、右の井出成三氏の提唱する内容の案文が考えられるのです。

⑪第七十五条・内閣総理大臣の訴追の制限を明記すべき

第七十五条第一項は「国務大臣は、その在任中、内閣総理大臣の同意がなければ、訴追されない。但し、これがため、訴追の権利は、害されない。」と定めています。この場合の「国務大臣」には内閣総理大臣が含まれると解するのが一般的であります。そうなると、場合によっては「内閣総理大臣」が自らの刑事犯罪の「訴追」に対して自ら「同意」を与える、又は与えないという場合があることが考えられます。このような事態を想定するならば、内閣総理大臣に対する訴追と、その他の国務大臣に対する訴追とを同様に「内閣総理大臣の同意」に係らせるような規定内容では適切な立法ではないと思います。そこで、内閣総理大臣に対する「訴追」は、その在任中は認めるべきではないとすべきであり、憲法第七十五条は、次のように規定すべきではないでしょうか。

第七十五条　内閣総理大臣は、その在任中訴追されない。但し、これがため訴追の権利は、害されない。

2　内閣総理大臣以外の国務大臣は、その在任中、内閣総理大臣の同意がなければ、訴追されない。但し、これがため、訴追の権利は害されない。

なお、現行憲法第七十五条においては国務大臣（内閣総理大臣を含む）の「訴追の制限」を規定していますが、一方、憲法第四条第二項に基づいて制定された「国事行為の臨時代行に関する法律（昭和三十九年法律第八十三号）」第二条に規定する「委任による臨時代行」を行う者（この者に対する適当な呼称がないので、仮に、以下「国事行為の臨時代行者」と称することにします）や、憲法第五条及び「皇室典範（昭和二十二年法律第三号）」第三章に規定する「摂政」についての「訴追の制限」については憲法上は何ら規定していません。そして、この「摂政」の「訴追の制限」については、皇室典範第二十一条で「摂政は、その在任中、訴追されない。但し、これがため、訴追の権利は、害されない。」と定めています。また、「国事行為の臨時代行者の訴追の特例」については、国事行為の臨時代行に関する法律第六条で「第二条の規定による委任を受けた皇族は、その委任がなされている間、訴追されない。ただし、このため、訴追の権利は、害されない。」と定めています。ここで、「第二条の規定による委任を受けた皇族」とは、「国事行為の臨時代行者」を指すのです。(1)

ところで、「天皇」については、現行憲法は大日本帝国憲法のような規定はありませんが[2]、天皇は、刑事責任を負わない、つまり、刑事被告人適格を有しないし、また、刑事事件の裁判における証人適格も有しないと解釈されていることには異論を見ないのです。このことから、さらに、天皇の「法定代理人」と考えられる「摂政」、そしてまた、「天皇の委任を受けた国事行為の臨時代行者」についても、やはり、その地位の高さに鑑み、刑事裁判に関して「訴追の制限」が認められているわけですが、なぜこの「訴追の制限」が、「国務大臣の訴追の制限」は最高法規である憲法に規定されているのに対して、「摂政」及び「国事行為の臨時代行者」の「訴追の制限」は最高法規である「憲法」に規定されるのではなくて、憲法よりも下位の法規である「法律」つまり「皇室典範」及び「国事行為の臨時代行に関する法律」に規定されているのでしょうか。これは極めて均衡を失するものと思われます。

このような不均衡は、具体的には、摂政及び国事行為の臨時代行者に対する「訴追の制限」は、法律で定められているに過ぎないのですから、仮に、「皇室典範」及び「国事行為の臨時代行に関する法律」を改正して「摂政」や「国事行為の臨時代行者」の「訴追の制限」を廃止したとしても、憲法違反の問題はないことになります。

注

（1）宮沢俊義教授によれば、大日本帝国憲法時代に、天皇の委任によって天皇の権能を代行する者

を「監国」又は「政務代理人」と呼ぶ例があった、とされます（宮沢俊義著・芦部信喜補訂前掲書、八十九頁）

（2）　大日本帝国憲法第三条は「天皇ハ神聖ニシテ侵スヘカラス」と定めていました。

⑫第七十七条第二項・検察官以外の裁判の当事者の最高裁判所規則遵守義務はないのか

憲法第七十七条第二項は「検察官は、最高裁判所の定める規則に従はなければならない。」と定めていますが、その意味するところは明白ではありません。この点について宮沢俊義教授は次の甲、乙二つの考え方を述べています（宮沢著前掲著、六百二十三頁・六百二十四頁）。

甲説は、本項は検察官も最高裁判所の定める規則に法律上拘束されることを意味する、と解する。検察官は、裁判所からは独立な地位を有するのであるが、しかも、最高裁判所の定める規則には拘束される、というのである。

これが普通一般の解釈でしょうが、これに対しては、次のような疑問が出されます。最高裁判所規則が訴訟に関する手続や、司法事務処理に関する事項について定める以上、そこに検察官に関する規定が当然に定められるであろうから、検察官は、それらの規定に法律的に拘束されるですが、考えてみれば、これは当然の話です。しかも、規則に拘束されるのは、何も検察官には限らない。弁護士はもちろん、当事者や証人などすべて、その規則の内容に応じて、これに拘束される。それでは、何のために、特に検察官について、規則に拘束される旨を定めたのか、その理由が明確ではないのです。

　乙説は、本項は、検察官に関する事項が最高裁判所規則の所管事項であることを意味する、と解する。すなわち、最高裁判所規則は、本条第一項の定める訴訟に関する手続に関する事項その他のほかに、検察官に関する事項についても定めることができる、という趣旨だというのである。

　そして宮沢教授は、この両説のいずれをとるべきかは、実益のない問題とし、「かりに甲説を採るとすれば、それは結局本項は無用の規定ということにならざるを得ない。本項がないとしても、検察官が規則に法律的に拘束されるのは、当然だからである。これに反して、乙説をとれば、検察官に関する事項を規則で定めてもいいことになるが、しかし、実際においては、検察官に関しては、すでに法律（検察庁法）で定められており、その細則は、政令（同法二条三項・十八条四項・二十三条八項）や、法務省令（同三十二条）に委任されている。かように、検察官に関する事項が全面的に法律に占領されている以上（規則が法律よりも強い形式的効力をもつとする解釈をとらないかぎり）、規則が検察官について定めることは、実際にはあり得ないからである。」と説きます（宮沢著前掲書、六百二十三頁から六百二十五頁）。

　以上のように、憲法第七十七条第二項は、立法技術的に極めて拙劣な規定にして、かつ、無用な規定であることから、「法令統制規範」ないしは「国務統制規範」として機能することは皆無に等しく、最高法規たる憲法の規定としては相応しくないものであります。

なお、自民党新憲法草案では、現行憲法第七十七条第二項の不都合さを改めて、次のように定めており、これが適切な立法措置であると思います。

2　検察官、弁護士その他の裁判に関わる者は、最高裁判所の定める規則に従わなければならない。

⑬第八十一条・最高裁判所は自ら制定した最高裁判所規則の憲法適合性を審査することができるのか

憲法第七十七条第一項は「最高裁判所は、訴訟に関する手続、弁護士、裁判所の内部規律及び司法事務処理に関する事項について、規則を定める権限を有する。」と定め、一方、第八十一条では「最高裁判所は、一切の法律、命令、規則又は処分が憲法に適合するかしないかを決定する権限を有する終審裁判所である。」と定めています。この両者の関係について考えてみると、第七十七条第一項の定める「最高裁判所の規則制定権」に基づく最高裁判所の定めた規則が、第八十一条に定める合憲性審査の対象である「規則」か否かは別としても、とにかく合憲性審査の対象から除かれることはありません[1]。

そうなると、最高裁判所が自ら制定した「最高裁判所規則」の憲法適合性（「憲法違反性」）を最高裁判所が審査すると言うことになります。しかしそうなれば、「裁判・審査をされる者と裁判・審査をする者とが同一」であると言うことになり、これは正に「自己裁判、自己審査」以外の何ものでもないわけですから、このような場合における最高裁判所は果たして「公平な裁判所」と言えるのでしょうか。この点については、ローマ法以来、「自分のことに関しては何人も裁判官たり得ない（IN PROPRIA CAUSA NEMO JUDEX）。と言う、法格言・法諺が存在するのです。

以上のことは架空の問題設定のようであり、机上の空論でもあるかのように思われるかも知れませんが、実は、現実にこのような事件が起こり、その事案の裁判は最高裁判所に上告されるまでに至ったのです。

その事件と言うのは、我が国の司法機関のうちの、地方裁判所及び家庭裁判所の統廃合のために最高裁判所が制定した「平成元年最高裁判所規則第五号」(2)に基づいて平成二年四月一日から福岡地裁甘木支部及び福岡家裁甘木支部が廃止されることになりました。このため、これら支部の管轄区域に住所を有する住民（国民）は、裁判を受ける場合には、本庁である福岡地裁本庁又は福岡家裁本庁まで行かなければならないことになるのです。このことから、これら支部の管轄区域に住所を有する住民の代表者X等が原告となって、このような裁判所の統廃合をする司法行政権を行使する最高裁判所(3)を被告として、右の最高裁判所規則第五号の「福岡地裁及び福岡家裁の支部を廃止する」との定めに基づく支部廃止処分の取消を求める訴訟を提起したのです。この訴えの理由は、これら支部の廃止が原告X等の有する「裁判を受ける権利」に対して直接かつ具体的な効果を及ぼす行政処分であること、このことは、憲法の保障する裁判を受ける権利の行使を著しく阻害し、侵害し、また、隔地での裁判をX等に強要し、憲法十四条第一項の法の下の平等に違反すると言うものでした。

最高裁判所は、この上告を棄却しました。棄却の理由は、具体的な紛争を離れて、裁判所に対して抽象的に法令が憲法に適合するかしないかの判断を求めることはできない、と言うものでした(4)。たしかに本件の原告X等の提起した裁判は、実際に権利や義務又は法律関係をめぐる紛争が存在するのではなく、ただ、将来において地方裁判所又は家庭裁判所に訴えるような事件が起きた場合には、X等は、従来の地方裁判所又は家庭裁判所の甘木支部に訴えることができるはずなのに、その支部が今回廃止されるとなれば、より遠隔の地の地方裁判所本庁又は家庭裁判所本庁まで訴えに行かなければならないわけで、だから、これまでの「支部を廃止することを定める最高裁判所規則」の「廃止」を求めると言うものであります。

しかし、この裁判の原告X等の主張は認められないと思います。第一に、具体的に権利や義務の存否とか法律上の地位を巡る紛争が生じているわけではない本件の場合、本件の原告であるX等には地方裁判所又は家庭裁判所の支部に訴えて解決しようとする具体的な裁判事件があるのではなく、ただ将来裁判で解決すべき事件が起きた場合には、本来、近くに在るはずの支部裁判所がなくなって遠方の本庁裁判所にまで出向かなければならないという、この不利益を訴えたにすぎないのですから、このような抽象的な事案について裁判所は司法権の発動としての裁判をする権限はないのです[5]。こういう理由で本件裁判は終了するはずのものです。かくして、本件の原告X等の「裁判を受ける権利」が侵害されたと言うことにはなりません。

確かに地方裁判所及び家庭裁判所の支部が廃止され、原告X等の「裁判所支部の管轄区域」と言うものはなくなりましたが、しかし原告X等の「裁判所本庁の管轄」はなくなったわけではありません。もっとも、原告X等の主張のように裁判所支部は廃止され、裁判所本庁は従来の支部よりも「遠隔の地」であることはその通りであるとしても、それは事実上の不利益にすぎないのであって、この原告X等の要求を受け入れるようなことがあるとなれば収拾が付かない事態となるわけであります。

かくしてこの裁判は、無理な要求の事案であったから問題が大きくならなかったのですが、仮にこの裁判が、具体的な権利や義務の存否を争う事態であるとして、裁判事案として訴えることができ、その裁判において最高裁判所規則の「憲法適合性（憲法違反性）」が争われる場合を想定してみればどうでしょうか。そして、その裁判が、地方裁判所又は高等裁判所の段階であるならばともかくとして、最高裁判所へ上告されると言う場合を考えてみると、この上告審における裁判の当事者は、上告人（第一審での原告）は「住民（国民）X等」であり、この点は問題はないのですが、被上告人（第一審の被告）は「最高裁判所」となるわけです。しかもこの上告審で裁判をするのも他ならぬ「最高裁判所」なのです。このような場合における上告審の裁判所である「最高裁判所」は、果たしてこれを「公平な裁判所」と言えるものでしょうか。憲法第三十七条第一項に定める

「公平な裁判所」[6]の意味について、かつて最高裁判所は、「構成その他において偏頗の懼れなき裁判所」と判示しているのです（昭和二十三年五月五日最高裁判所大法廷判決）。

「公平な裁判所」と言う考え方は実定法の条文においても見られるところであって、刑事訴訟法第二十条では、その刑事裁判の被害者が裁判官であるとき、その事件の被告人又は被害者が裁判官の親族であるとき又はあったとき、裁判官がその刑事裁判の被告人又は被害者の法定代理人等であるときは、制度上、その裁判官には当該刑事裁判を担当できません。この制度を「除斥」と言うのです。同様に、民事訴訟法第二十三条は、その民事裁判を担当することになる裁判官が、その民事裁判の当事者（原告又は被告）である場合や、民事裁判の当事者がその民事裁判の裁判官の配偶者又は配偶者であった場合や、その裁判官の一定範囲の親族又は親族であった者である場合は、その裁判官はその裁判を担当できないことと定めているのです。これらはいずれも「公平な裁判所」でなければならないと言う考え方、端的に言えば「自己裁判」を否定する制度なのです。

かくして、問題は、最高裁判所に違憲立法審査権を付与し、憲法よりも下位の法規は全て最高裁判所の合憲性（違憲性）審査に服することにしており、その一方では、最高裁判所に規則制定権と言う、一種の「法規」を制定する権限を付与したことから、その当然の結果として最高裁判所規則という「法規」の合憲性審査をも最高裁判所が行うという事態が生ずることになるわけなのです。そのような事態になった場合にはどうでしょうか。他でもない、「最高裁判所」が自ら制定した最高裁判所規則の合憲性（違憲性）を自ら審査することになるのであります。さあ、この場合の「最高裁判所」は、「公平な裁判所」と言えるのでしょうか。言うまでもありません。絶対に、「公平な裁判所」ではありません。

現行憲法の起案者、そしてまた現行憲法案を審議議決した帝国議会（衆議院及び貴族院）及び枢密院は、以上のような事柄については全く失念し、見過ごしてしまったのか、とにかく、現行憲法は、大日本帝国憲法第七十三条により、大日本帝国憲法の改正という形式を採り、この憲法改正案（日本国憲法案）は、昭和二十一年六月二十五日に、当時開会中の第九十回帝国議会に提案され、衆議院、次いで貴族院の審議可決の後、さらに同年十月二十九日の枢密院本会議において可決成立したものであり、この間の実質的審議は三ヶ月半という限られた時間内における審議討論であったことから考えて、前述のような問題を検討するまでの余裕は全くなかったものと思われます。(7)

本来ならば、最高裁判所規則の憲法適合性（違憲性）を審査する国家機関としては、最高裁判所を頂点とする司法機関とは別系統の「第三者機関」を設けるべきなのであり、その「第三者機関」は憲法に明文で規定すること、つまりこの「第三者機関」は「憲法上の機関」であることを明記すべきです。

注

（1） 我が国の制定法の中で「規則」と言う名称のものは、衆議院規則、参議院規則、各種の行政委員会規則、最高裁判所規則、地方公共団体の長の制定する規則等がありますが、憲法第八十一条に関して立法者は、同条の「規則」についてこれらの詳細にわたって意識していたとは思われません。しかし、同条は「一切の法律、命令、……」と規定しているのであり、これは我が国の「法規」を例示したものであり、「最高裁判所規則」は我が国の「法規」の一つであることには変わりはないのですから、この「最高裁判所規則」は、当然のこととして最高裁判所の「合憲性審査権の対象」となるわけであります。

（2） この最高裁判所規則は、正確には「最高裁判所規則の一部を改正する規則」です。

（3） 最高裁判所は、上告審としての裁判を行うことが本来の職務でありますが、これと同時に司法権内部における行政をも行うものであり、具体的にこの司法行政権を行使する最高の機関として、最高裁判所の長たる裁判官を含めて十五人の最高裁判所裁判官で構成される会議が設けられるのです。そして最高裁判所規則を制定すること、その他この会議で決定された事項を事務的に処理するのが「最高裁判所事務総局」なのです。

（4） 我が国の裁判所の合憲性審査権の行使はアメリカの場合と同様に、具体的合憲性審査権（付随的合憲性審査権）の行使が認められていると解するのが判例及び一般的な見解です。アメリカ合衆国憲法には、違憲立法審査制度は明文で規定されてはいません。これは、一八〇三年の「マーベリー対マジソン事件」のアメリカ連邦最高裁判所の判決以降、判例法上確立したものであり、これがアメリカの違憲立法審査制度なのです。

（5） この点については、裁判所は司法権を行使する国家機関であり、その「司法権」とは、当事者間に具体的に権利、義務又は法律関係をめぐる紛争が存在する場合において、その紛争の当事者からの訴訟の提起があった場合に始めて、その紛争解決のために発動する国家の作用であると解されています。

（6）　この「公平な裁判所」と言う事項は憲法第三十七条第一項で「すべて刑事事件においては、被告人は、公平な裁判所の迅速な公開裁判を受ける権利を有する。」に由来しますが、これは「刑事事件」の裁判に限らず、民事事件及び行政事件の裁判における裁判所についても要請されることには異論はありません。

（7）　現行憲法成立過程全体及び現行憲法案の審議過程については、元駒沢大学教授西修著『日本国憲法はこうして生まれた』中公文庫（中央公論新社）に克明な記述及び論考があります。

⑭第八十二条第二項・本条本項ただし書きの意味するものとは

憲法第八十二条は、第一項で「裁判の対審及び判決は、公開法廷でこれを行ふ。」とあるように「公開裁判」を定めています。そして第二項本文では「裁判所が、裁判官の全員一致で、公の秩序又は善良の風俗を害する虞があると決した場合には、対審は、公開しないでこれを行ふことができる。」と定めています。つまり、裁判の非公開を定めているのです。ところが、この第二項ただし書きでは「政治犯罪、出版に関する犯罪又はこの憲法第三章で保障する国民の権利が問題になってゐる事件の対審は、常にこれを公開しなければならない。」と定めてありますから、ここではまた

「裁判の公開」を定めているのです。そこで、この第一項、第二項本文とそのただし書きは、「裁判（対審）の公開の原則」で始まり、次に「裁判公開の原則の例外」としての「非公開」を定め、さらにその次に、当初の原則に戻って「裁判の対審を常に公開」すべき場合を定めているのです。この、原則に戻って「裁判の常に公開」すべきものは限定された事案であり、それは「政治犯罪、出版に関する犯罪又はこの憲法第三章で保障する国民の権利が問題となってゐる事件」に限られています。

このようにして常に公開しなければならない「裁判の対審」を限定しているのですが、この「裁判の対審を公開する事案」として「政治犯罪、出版に関する犯罪又はこの憲法第三章で保障する国民の権利が問題となっている事件」を限定的に挙げている中の「憲法第三章で保障する国民の権利が問題となってゐる事件」とは抽象的な表現であり、具体的には何なのかが明確ではないことが問題なのです。

この問題は宮沢俊義教授も指摘するところであり、同教授は、この点について「そこで保障されている国民の基本的人権に対して、法律で制限が課せられ、その制限に違反したことが犯罪の構成要件とされている事件をいうと解すべきである。そこでは、そういう罪を定めた法律が憲法に違反していないかどうか、それが憲法に違反していないとして、犯人の行為がはたしてその法律の定める制限ないし禁止に違反するものであるかどうか、が争われるのであるから、そこで第三章で保障する権利が不当に侵されることがないように、その事件の対審を絶対に公開しようというのである。

たとえば、名誉に関する罪（刑法二三〇条以下）の規定は、第三章の定める言論の自由（表現の自由）（二一条）に対する制限と考えられるから、その事件は、「第三章で保障する国民の権利が問題となってゐる事件」に含まれるといえよう。また、弁護士でない者が法律事務を業とすることを禁じ（弁護士法七二条）、医師でない者が医業をなすことを禁じ（医師法一七条）ているのは、それぞれ憲法第三章の保障する職業選択の自由に対する制限と考えられるから、それらの禁止に違反した犯罪（弁護士法七七条、医師法三一条）に関する事件も、それに含まれるといえよう。また、土地収用法による事業の準備のための立入権は、土地所有権に対する制限と考えられるから、その立入を拒み、または妨げる罪（土地収用法一一一条・一四三条）に関する事件も、それに含まれるといえよう。これに反して、憲法第三章の保障する国民の権利を確保するための法律に違反する犯罪は、ここにいう「憲法第三章で保障する国民の権利が問題となってゐる事件」に含まれない。たとえば、財産権の不可侵を守るための窃盗罪（刑法二三五条以下）はもちろん、信書の秘密を侵す罪（郵便法八〇条・刑法一三三条）、身体の自由を守るための公務員による暴行陵虐の罪（刑法一九五条）、投票の秘密を守るための投票の秘密を侵す罪（公選法二二七条）などは、それに含まれない。」と説いています（宮沢著前掲書、七百二頁・七百三頁）。

　ここに紹介しました宮沢説の「この憲法第三章で保障する国民の権利が問題になってゐる事件」とは、正に宮沢教授の説くように解釈すべきであると思います。この宮沢説に立つならば、憲法第八十二条第二項で「この憲法第三章で保障する国民の権利が問題となってゐる事件」と定めている箇所の前の文言である「政治犯罪」とは、政治的言動を規制する法令の構成要件に違反することが犯罪となるものと解することができるのであり、また、「出版に関する犯罪」という文言も、ある特定事項・内容の記述、表現方法あるいは図画等の表現された出版物の出版を規制する法令の構成要件に違反することが、やはり犯罪となるものと解することができるのです。そしてこれらはいずれも「表現の自由」を保障することに係わる事件であり、それらは要するに「この憲法第三章で保障する国民の権利が問題となってゐる事件」の代表的な事項を例示したものと考えられます。従って、「政治犯罪、出版に関する犯罪又はこの憲法第三章で保障する国民の権利が問題となってゐる事件の対審（裁判）は、常にこれを公開しなければならない。」と言うことになります。

さらに、宮沢教授が指摘していることですが、「第三章で保障する国民の権利をひろく解すれば、ほとんどすべての刑事事件が、それに含まれると解することもできよう。」とされ、しかし、同教授は、そのように解するとすれば「本項但書が「政治犯罪」、「出版に関する犯罪」と列挙していることが無意味になってしまうから、そう解することは正当ではない。」と説かれるのであり、まさに宮沢教授の説く通りなのです。それにしてもこの第八十二条は、一読した程度では理解できない極めて難解な規定です。

なぜこのように難解なのかと言えば、前述のように、この第八十二条の条文の構造は、第一項では、裁判の「対審と判決」の両方について「公開」であるべきことを定めており、第二項本文では専ら「対審」に限っての「公開の原則の例外」として、裁判官の全員一致で公序良俗に反すると決した場合には、その裁判の対審は公開しないことができる（つまり「非公開」とすることができる）と定めているのです。そして、その第二項の「ただし書き」では「政治犯罪、出版に関する犯罪又はこの憲法第三章で保障する国民の権利が問題となってゐる事件の（裁判の）対審」に限っては、「常にこれを公開しなければならない。」という例外を定めているからです。

そこでこれらの関連を分かり易くするには、「裁判の判決の言渡し」と「裁判の審理（対審）」とを截然と分けて定めることとし、「裁判の判決の言渡し」の方は格別問題はないから、これを第一項とし、次に、問題は「裁判の審理（対審）」であり、これについては、第二項と第三項に分けて定めることにして、①原則は「公開」とし、②その例外としての「非公開」、③さらにまた例外として原則に戻って「公開」とするという条文の建て方にすべきです。このような条文の建て方にしますと、第八十二条は次のようになります。

第八十二条　裁判の判決は、公開の法廷でこれを行う。

②政治犯罪、出版に関する犯罪及びこの憲法第三章で保障する国民の権利を規制する法律の規定に反する犯罪に対する裁判の対審は、常にこれを公開しなければならない[1]**。**

③前項に規定する裁判以外の裁判の対審は、裁判官の全員一致で、公の秩序又は善良の風俗を害するおそれがあると決した場合以外は、常にこれを公開しなければならない。

ところで、憲法は最高法規であると同時に、特別に専門的技術的な事項を定めるものではなく国家の在り方、最高方針等を定めるものであることから、これには主権者である国民に容易に理解できるものでなければなりません。このことはまた、憲法は決して一部の専門家ないしは学者にして始めて理解できるというものであってはならないし、ましてや、学者がその条文の解釈をめぐって解釈の技量の優劣を競う対象であるという類いのものであってはならないと思います。そういう意味においても、憲法第八十二条第二項は不適切な表現の条文であり、極めて難解な規定内容であると思います。

注

（1）憲法第八十二条第二項ただし書きでは「又は」という選択的接続詞を用いていますが、このただし書きは「常にこれを公開しなければならない」という裁判事案の典型的なものを例示する規定内容なのですから、法令の条文としては語句を並列的に結び付けるために、「又は」ではなくて「及び」という接続詞を用いなければならないと思います。

⑮第九十三条・町村総会は憲法第九十三条の定める議会なのか

憲法第九十三条第一項は「地方公共団体には、法律の定めるところにより、その議事機関として議会を設置する。」と定めています。これを承けて、地方自治法第八十九条は「普通地方公共団体に議会を置く。」と定めています。ところが、一方、地方自治法第九十四条では「町村は、条例で、

第八十九条の規定にかかわらず、議会を置かず、選挙権を有する者の総会を設けることができる。」と定めているのです。つまり、地方公共団体である町村に限っては議事機関としての「議会」を置かないで、その代わりに「町村総会」を設けることができると定めているわけであります。そうなると、この「町村総会」は明らかに憲法第九十三条第一項に違反するのではないかと思われます。

そこで問題となるのは、憲法第九十三条第一項が「法律で定めるところにより、その議事機関として議会を設置する。」と定めていることについて、これをどう解するかにかかっているように思われます。第一説は、議事機関としての議会を設置することの可否をも含めて「法律」に委ねた、と解する考え方です。これに対して、第二説は、「議事機関としての議会」を置くことは当然のことであって、その置かれる議会の構成（例えば、一院制にするとか二院制にするとか）、議会の権限、議員定数等について定めることを「法律」に委ねた、と解するものです。

次に、憲法第九十三条第二項を見るに、同項では「地方公共団体の長、その議会の議員……は、その地方公共団体の住民が、直接これを選挙する。」と定めてあり、これを率直に読めば、第二説の方が説得力があるように思われるのですが、第一説の立場から、「議会」を設けることは当然の前提であると言うことではなく、法律で「議会を設ける」と規定した場合においては、その議会の議員は「その地方公共団体の住民が直接これを選挙する」ということを憲法第九十三条第二項は定めたものであると解することもできるのではないでしょうか。このようにして、憲法九十三条第二項は、第一説及び第二説のいずれの考え方でも説明ができます。ところが、先ほどの地方自治法第九十四条に定める「町村総会」については、第一説では、議決機関を設けるか否かを含めて「法律」で定めると解するわけですから、地方自治法で地方公共団体である「町村」については議決機関を設けないで「町村総会」を設けることができる旨を定めても憲法違反の問題は無いように思われます。しかし、もし、この第一説のように解するならば、「町村」に限らず、「普通地方公共団体」である「市」のみならず「都道府県」についても「法律」でもって「議会」に代わる「市民総会」、とか「都民総会」、「道民総会」、「府民総会」、「県民総会」等が認められると言うことになるのではないか、という議論に発展する可能性も否定できないと思われます。もっとも、実際問題としては、「市」を例にとってみて、仮に人口五万人の市があるとして、その人口の半分が選挙権を有する者としても、二万五千人が一堂に会して「市政問題」を議論し一定の結論を得るに至るということは不可能であり、この「総会」制度のような「直接民主主義」は「民主主義」の究極に在る理想的な制度ではありますが、現代においては非現実なものでしかないと言わざるを得ない(1)と思われます。

それはともかくとして、憲法第九十三条第一項は、曖昧な表現であり、前述のように解釈が分かれるのです。そこでこのような「町村総会」を認めない趣旨であると言うのならば、憲法第九十三条は次のように表現すべきです。

第九十三条　地方公共団体は、その議事機関として議会を設置する。

2　議会の組織及び権限については、法律でこれを定める。

3　地方公共団体にその執行機関として、地方公共団体の長及び法律の定めるその他の公務員を置く。

4　地方公共団体の議会の議員、地方公共団体の長及びその他の公務員は、その地方公共団体の住民が直接これを選挙する。

注

（1）現行憲法施行後のある期間、八丈ケ島の宇津木村では「村議会」を設けずに、村民の「総会」（地方自治法第九十四条の「町村総会」）を設けていましたが、その後、八丈町と合併したため「町村総会」は廃止しました。これが現行憲法下における唯一の「町村総会」であり、その後は、現在に至るまで「町村総会」は存在したことがありません。

なお、第一法規出版に係る市町村要覧編集委員会編平成二十八年版『全国市町村要覧』には、平成二十八年一月一日現在の住民基本台帳人口による「町村の人口」一覧表が掲げられてあり、「人口の少ない町村」として、東京都青ケ島村（人口百六十六人）、御蔵島村（同三百十四人）、利島村（同三百十四人）等が記載されており、これら少人数の「村」で、仮に、村民の全員が選挙権を有する者だとしても、「村総会」を設けることが可能な規模の人数ではあるように思われます。なぜならば衆議院議員定数は四百六十五人であり、参議院は、二百四十二人で構成されているのですから。しかし、これらの「村」が「村議会」を設けないで地方自治法第九十四条及び第九十五条に定める「村総会」を設けようとする試みはなかったようですが、新聞によれば平成二十九年、高知県大川村（人口四百二十人）では村議会を廃止して村民集会の制度にしようとする動きがありました。

⑯第九十七条・法文は、事実の記載や物事の説明書きではない

憲法第九十七条は「この憲法が日本国民に保障する基本的人権は、人類の多年にわたる自由獲得の努力の成果であって、これらの権利は、過去幾多の試練に堪へ、現在及び将来の国民に対し、侵すことのできない永久の権利として信託されたものである。」と定めています。

ここで定める内容は、要するに「基本的人権」の由来、歴史、沿革、そしてそれが憲法に規定されるに至ったことの重要性を謳っているものではありますが、しかし、それだから国民は、あるいは国家はいかにあるべきなのか、国民はいかに行動すべきなのか、つまりは、国家及び国民の「行為規範」ないしは「組織規範」なりが憲法第九十七条には何ら明確に定められているわけではないのです。

従って、この規定は「最高規範」である憲法の条文としては必ずしも相応しいものとは思われません。要するに、この条文の内容は憲法の最高法規としての「法令統制規範」及び「国務統制規範」が機能を有するという性質のものではないのです。

さらに言うならば、この第九十七条は、第九十八条及び第九十九条と共に「第十章最高法規」の

章に置かれていますが、この点について宮沢俊義教授は、「第九十七条は、基本的人権に関する規定であって、「最高法規」という表題とは、どうも調和しない。もともと第九十七条に相当する規定は、マッカーサー草案では「国民の権利及び義務」の章（第三章十条）にあったのであるが、内閣要綱以来、この「最高法規」の章にある。なぜ、「国民の権利及び義務」の章から「最高法規」の章へ移されたのか、その理由は理解しがたい。」と説いています（宮沢著前掲書、七百九十九頁）。なお、マッカーサー草案第三章十条（憲法第九十七条に相当する箇所）は、以下のように規定しています。

第十条　此ノ憲法ニ依リ日本国ノ人民ニ保障セラルル基本的人権ハ人類ノ自由タラントスル積年ノ闘争ノ結果ナリ時ト経験ノ坩堝ノ中ニ於テ永続性ニ対スル厳酷ナル試練ニ克ク耐ヘタルモノニシテ永世不可侵トシテ現在及将来ノ人民ニ神聖ナル委託ヲ以テ賦与セラレタルモノナリ

右の規定も、単に基本的人権の由来、歴史、沿革について記述したものであり、従って、国民はどう行動すべきなのか、また、国家はどうあるべきなのかについては具体的には何も定めてはおりません。つまり、本条は、何ら「法規」としての規定内容と言うものではなく、単に事実を記載したものに過ぎないのです。このようなことからか、憲法第九十七条について、読売憲法改正案では、これに相当する規定は設けてはいません。つまり削除したのであり、このことは立法政策的に見て妥当な措置なのです。

⑰第九十八条・憲法と条約との優劣関係が不明

第九十八条第一項は「この憲法は、国の最高法規であって、その条規に反する法律、命令、詔勅及び国務に関するその他の行為の全部又は一部は、その効力を有しない。」と定めています。この「憲法の最高法規性」を具体的に担保するものとして、「法規ないしは国家の行為」の憲法違反性（憲法適合性）を判断をする国家機関として、憲法第八十一条は「最高裁判所は、一切の法律、命令、規則又は処分が憲法に適合するかしないかを決定する権限を有する終審裁判所である。」と定めているのです。

ところで、この第八十一条と第九十八条とで共通していることは、重要な法規である「条約」が規定されていないことです。このため第八十一条について言えば、最高裁判所に「条約」の憲法適合性の判断をする権限があるのか否かを明記してはいないことです。そして、この点に対応するかのように、第九十八条第一項は憲法の条規に反する「条約」の効力についても明確な定めをしてはいないのです。その代わりとして、第九十八条第二項は「日本国が締結した条約及び確立された国際法規は、これを誠実に遵守することを必要とする。」と定めています。しかし、この第二項は、極めて当たり前のことを記したまでのことであり、敢えて定めるまでもないことを定めたと言えるものです。

とにかく、憲法第九十八条は「憲法の最高法規性」を謳っているのですから、それであるならば、「条約」と「憲法」との形式的効力の優劣を明確に定めなければならないはずなのです。

それとも、憲法が「国の最高法規」であると定めることで、当然に憲法の形式的効力は「条約」の形式的効力に優越するのだから、敢えて「規定するまでもない」と解するのでしょうか。しかし、そうであるならば、第九十八条第一項で具体的な「法規」を列挙して、それらの「法規」よりも「憲法の形式的効力」の方が優越すると定めているのですから、それならば、この具体的な「法規」の中に当然「条約」を含めるべきでしょう。

このように「憲法」と「条約」との形式的効力の優劣を明確にしていないことから、「条約優位説」と「憲法優位説」のように解釈が分かれることになるのです。

この点に関して、創憲会議編『新憲法草案』は次のように、憲法が条約に優越することを明確に定めています。

（憲法の最高法規性、国際法の遵守）

第百十五条　この憲法は、国の最高法規であって、その条規に反する条約、法律、命令および国務に関するその他の行為の全部または一部は、その効力を有しない。

2　日本国が締結した条約および確立された国際法規は、これを誠実に遵守することを必要とする。

次に、前述のように第九十八条第一項は「その条規に反する法律、命令、詔勅及び国務に関するその他の行為」と定め、第八十一条は「一切の法律、命令、規則又は処分」とあり、第十六条は「何人も、……法律、命令又は規則の制定、廃止又は改正その他の事項に関し、平穏に請願する権利を有し、」[1]と定め、前文第一段落の末に「われらは、これに反する一切の憲法、法令及び詔勅を排除する。」と定めていますが、これらの諸規定は、要するに我が国の実定法（法規）の種類を例示したものですから、各条文の規定内容の相違について厳密に考える必要はないとは思われますが、例示する実定法の種類を異ならせる格別の理由は全くないのですから、例示する実定法の種類は統一すべきです。

注

（1）　第十六条は、請願事項を例示しているのですが、ここで「法律、命令又は規則の制定、廃止又は改正」とあるのに、それならば最高法規である「憲法の制定、廃止又は改正」が例示として挙げられていないのは極めて奇異なことです。

⑱第九十九条・国事行為の臨時代行を行う者並びに地方公務員及び国民の憲法尊重擁護義務も明文化すべき

憲法第九十九条は「天皇又は摂政及び国務大臣、国会議員、裁判官その他の公務員は、この憲法を尊重し擁護する義務を負う。」と定めています。ここで「その他の公務員」と表現している箇所よりも前には、広い意味での「代表的な公務員」を並列的に列記しているのですから、「天皇又は摂政」というように「又は」というような選択的接続詞を用いるのは誤りです。ここは「天皇及び摂政」と表現すべきです。

ところで、「摂政」は天皇の法定代理人と解され、憲法第五条及び皇室典範により、「国事に関する行為」を行う権限を有するわけですが、一方、憲法第四条第二項及び「国事行為の臨時代行に関する法律」により、「天皇は、……国事に関する行為を……摂政となる順位にあたる皇族に委任して臨時に代行させることができる。」と定めていることから、「国事行為の臨時代行者」が存在するわけであります。そうなると、この者についても、やはり第九十九条に列記すべきです。

さらに言うならば、第九十九条に例示されている代表的な公務員はすべて国家公務員であって、地方公務員、例えば、都道府県知事、都道府県議会議員、市町村長及び市町村議会議員が例示されていないのは不公正ではないでしょうか。仮にこれらのすべてを例示しないとしてもその若干は例示すべきであります。とにかく、第九十九条は、これらの地方公務員はすべて「その他の公務員」の中に含まれる「その他大勢」と言うことになっており、「地方の時代」と言われる昨今とは異なり、七十年余の昔の日本国憲法制定当時においては、憲法の立案者、立法者にとっては「地方公務員」についてまで思い至る余裕も無く、従って、現行憲法上、地方公務員は、極めて影の薄い存在なのです。

また、第九十九条には「国民の憲法尊重擁護義務」が定められていませんが、この点については、国民は主権者であり、憲法は、国家に向けられた法規であり、主権者たる国民を拘束し規制するものではないから、敢えて「国民の憲法尊重擁護義務」を明記していないのである、という解釈がありますが、これは、単に、立法者が「国民の憲法尊重養護義務」についてまで、思いが至らなかったからなのであります。しかし、「国民の憲法尊重擁護義務」は否定できないものですから、立法政策的には、当然「国民の憲法尊重擁護義務」を憲法に明文化すべきなのであります。以上のことを踏まえて、第九十九条は次のように定めるべきであります(1)。

第九十九条　天皇、摂政及び国事行為の臨時代行者並びに国務大臣、国会議員、裁判官その他の国家公務員は、この憲法を尊重し擁護する義務を負う。

2　地方公共団体の長、議会の議員その他の地方公務員は、この憲法を尊重し擁護する義務を負う。

3　国民は、この憲法を尊重し擁護する義務を負う。

注

(1)　この点、読売憲法改正案は、現行憲法第九十九条に相当する箇所は削除しており、その代わりに同改正案の前文の最終項に次のように定めています。

この憲法は、日本国の最高法規であり、国民はこれを遵守しなければならない。

自民党改憲草案は、現行憲法第九十九条に相当する規定を次のように定めています。

(憲法尊重擁護義務)

第百二条　全て国民は、この憲法を尊重しなければならない。
2　国会議員、国務大臣、裁判官その他の公務員は、この憲法を擁護する義務を負う。

資料　日本国憲法

日本国民は、正当に選挙された国会における代表者を通じて行動し、われらとわれらの子孫のために、諸国民との協和による成果と、わが国全土にわたつて自由のもたらす恵沢を確保し、政府の行為によつて再び戦争の惨禍が起ることのないやうにすることを決意し、ここに主権が国民に存することを宣言し、この憲法を確定する。そもそも国政は、国民の厳粛な信託によるものであつて、その権威は国民に由来し、その権力は国民の代表者がこれを行使し、その福利は国民がこれを享受する。これは人類普遍の原理であり、この憲法は、かかる原理に基くものである。われらは、これに反する一切の憲法、法令及び詔勅を排除する。

日本国民は、恒久の平和を念願し、人間相互の関係を支配する崇高な理想を深く自覚するのであつて、平和を愛する諸国民の公正と信義に信頼して、われらの安全と生存を保持しようと決意した。われらは、平和を維持し、専制と隷従、圧迫と偏狭を地上から永遠に除去しようと努めてゐる国際社会において、名誉ある地位を占めたいと思ふ。われらは、全世界の国民が、ひとしく恐怖と欠乏から免かれ、平和のうちに生存する権利を有することを確認する。

われらは、いづれの国家も、自国のことのみに専念して他国を無視してはならないのであって、政治道徳の法則は、普遍的なものであり、この法則に従ふことは、自国の主権を維持し、他国と対等関係に立たうとする各国の責務であると信ずる。

日本国民は、国家の名誉にかけ、全力をあげてこの崇高な理想と目的を達成することを誓ふ。

第一章　天皇

〔天皇の地位と主権在民〕

第一条　天皇は、日本国の象徴であり日本国民統合の象徴であって、この地位は、主権の存する日本国民の総意に基く。

〔皇位の世襲〕

第二条　皇位は、世襲のものであって、国会の議決した皇室典範の定めるところにより、これを継承する。

〔内閣の助言と承認及び責任〕

第三条　天皇の国事に関するすべての行為には、内閣の助言と承認を必要とし、内閣が、その責任を負ふ。

〔天皇の権能と権能行使の委任〕

第四条　天皇は、この憲法の定める国事に関する行為のみを行ひ、国政に関する権能を有しない。

２　天皇は、法律の定めるところにより、その国事に関する行為を委任することができる。

〔摂政〕

第五条　皇室典範の定めるところにより摂政を置くときは、摂政は、天皇の名でその国事に関する行為を行ふ。この場合には、前条第一項の規定を準用する。

〔天皇の任命行為〕

第六条　天皇は、国会の指名に基いて、内閣総理大臣を任命する。

２　天皇は、内閣の指名に基いて、最高裁判所の長たる裁判官を任命する。

〔天皇の国事行為〕

第七条　天皇は、内閣の助言と承認により、国民のために、左の国事に関する行為を行ふ。

一　憲法改正、法律、政令及び条約を公布すること。

二　国会を召集すること。

三　衆議院を解散すること。

四　国会議員の総選挙の施行を公示すること。

五　国務大臣及び法律の定めるその他の官吏の任免並びに全権委任状及び大使及び公使の信任状を認証すること。

六　大赦、特赦、減刑、刑の執行の免除及び復権を認証すること。

七　栄典を授与すること。

八　批准書及び法律の定めるその他の外交文書を認証すること。

九　外国の大使及び公使を接受すること。
十　儀式を行ふこと。

〔財産授受の制限〕
第八条　皇室に財産を譲り渡し、又は皇室が、財産を譲り受け、若しくは賜与することは、国会の議決に基かなければならない。

第二章　戦争の放棄

〔戦争の放棄と戦力及び交戦権の否認〕
第九条　日本国民は、正義と秩序を基調とする国際平和を誠実に希求し、国権の発動たる戦争と、武力による威嚇又は武力の行使は、国際紛争を解決する手段としては、永久にこれを放棄する。
2　前項の目的を達するため、陸海空軍その他の戦力は、これを保持しない。国の交戦権は、これを認めない。

第三章　国民の権利及び義務

〔国民たる要件〕
第十条　日本国民たる要件は、法律でこれを定める。

〔基本的人権〕

第十一条　国民は、すべての基本的人権の享有を妨げられない。この憲法が国民に保障する基本的人権は、侵すことのできない永久の権利として、現在及び将来の国民に与へられる。

〔自由及び権利の保持義務と公共福祉性〕

第十二条　この憲法が国民に保障する自由及び権利は、国民の不断の努力によって、これを保持しなければならない。又、国民は、これを濫用してはならないのであって、常に公共の福祉のためにこれを利用する責任を負ふ。

〔個人の尊重と公共の福祉〕

第十三条　すべて国民は、個人として尊重される。生命、自由及び幸福追求に対する国民の権利については、公共の福祉に反しない限り、立法その他の国政の上で、最大の尊重を必要とする。

〔平等原則、貴族制度の否認及び栄典の限界〕

第十四条　すべて国民は、法の下に平等であって、人種、信条、性別、社会的身分又は門地により、政治的、経済的又は社会的関係において、差別されない。

2　華族その他の貴族の制度は、これを認めない。

3　栄誉、勲章その他の栄典の授与は、いかなる特権も伴はない。栄典の授与は、現にこれを有し、又は将来これを受ける者の一代に限り、その効力を有する。

〔公務員の選定罷免権、公務員の本質、普通選挙の保障及び投票秘密の保障〕

第十五条　公務員を選定し、及びこれを罷免することは、国民固有の権利である。
2　すべて公務員は、全体の奉仕者であって、一部の奉仕者ではない。
3　公務員の選挙については、成年者による普通選挙を保障する。
4　すべて選挙における投票の秘密は、これを侵してはならない。選挙人は、その選択に関し公的にも私的にも責任を問はれない。
〔請願権〕
第十六条　何人も、損害の救済、公務員の罷免、法律、命令又は規則の制定、廃止又は改正その他の事項に関し、平穏に請願する権利を有し、何人も、かかる請願をしたためにいかなる差別待遇も受けない。
〔公務員の不法行為による損害の賠償〕
第十七条　何人も、公務員の不法行為により、損害を受けたときは、法律の定めるところにより、国又は公共団体に、その賠償を求めることができる。
〔奴隷的拘束及び苦役の禁止〕
第十八条　何人も、いかなる奴隷的拘束も受けない。又、犯罪に因る処罰の場合を除いては、その意に反する苦役に服させられない。
〔思想及び良心の自由〕
第十九条　思想及び良心の自由は、これを侵してはならない。
〔信教の自由〕

第二十条　信教の自由は、何人に対してもこれを保障する。いかなる宗教団体も、国から特権を受け、又は政治上の権力を行使してはならない。

2　何人も、宗教上の行為、祝典、儀式又は行事に参加することを強制されない。

3　国及びその機関は、宗教教育その他いかなる宗教的活動もしてはならない。

〔集会、結社及び表現の自由と通信秘密の保護〕

第二十一条　集会、結社及び言論、出版その他一切の表現の自由は、これを保障する。

2　検閲は、これをしてはならない。通信の秘密は、これを侵してはならない。

〔居住、移転、職業選択、外国移住及び国籍離脱の自由〕

第二十二条　何人も、公共の福祉に反しない限り、居住、移転及び職業選択の自由を有する。

2　何人も、外国に移住し、又は国籍を離脱する自由を侵されない。

〔学問の自由〕

第二十三条　学問の自由は、これを保障する。

〔家族関係における個人の尊厳と両性の平等〕

第二十四条　婚姻は、両性の合意のみに基いて成立し、夫婦が同等の権利を有することを基本として、相互の協力により、維持されなければならない。

2　配偶者の選択、財産権、相続、住居の選定、離婚並びに婚姻及び家族に関するその他の事項に関しては、法律は、個人の尊厳と両性の本質的平等に立脚して、制定されなければならない。

〔生存権及び国民生活の社会的進歩向上に努める国の義務〕

第二十五条　すべて国民は、健康で文化的な最低限度の生活を営む権利を有する。

2　国は、すべての生活部面について、社会福祉、社会保障及び公衆衛生の向上及び増進に努めなければならない。

〔教育を受ける権利と受けさせる義務〕

第二十六条　すべて国民は、法律の定めるところにより、その能力に応じて、ひとしく教育を受ける権利を有する。

2　すべて国民は、法律の定めるところにより、その保護する子女に普通教育を受けさせる義務を負ふ。義務教育は、これを無償とする。

〔勤労の権利と義務、勤労条件の基準及び児童酷使の禁止〕

第二十七条　すべて国民は、勤労の権利を有し、義務を負ふ。

2　賃金、就業時間、休息その他の勤労条件に関する基準は、法律でこれを定める。

3　児童は、これを酷使してはならない。

〔勤労者の団結権及び団体行動権〕

第二十八条　勤労者の団結する権利及び団体交渉その他の団体行動をする権利は、これを保障する。

〔財産権〕

第二十九条　財産権は、これを侵してはならない。

2　財産権の内容は、公共の福祉に適合するやうに、法律でこれを定める。
3　私有財産は、正当な補償の下に、これを公共のために用ひることができる。
〔納税の義務〕
第三十条　国民は、法律の定めるところにより、納税の義務を負ふ。
〔生命及び自由の保障と科刑の制約〕
第三十一条　何人も、法律の定める手続によらなければ、その生命若しくは自由を奪はれ、又はその他の刑罰を科せられない。
〔裁判を受ける権利〕
第三十二条　何人も、裁判所において裁判を受ける権利を奪はれない。
〔逮捕の制約〕
第三十三条　何人も、現行犯として逮捕される場合を除いては、権限を有する司法官憲が発し、且つ理由となつてゐる犯罪を明示する令状によらなければ、逮捕されない。
〔抑留及び拘禁の制約〕
第三十四条　何人も、理由を直ちに告げられ、且つ、直ちに弁護人に依頼する権利を与へられなければ、抑留又は拘禁されない。又、何人も、正当な理由がなければ、拘禁されず、要求があれば、その理由は、直ちに本人及びその弁護人の出席する公開の法廷で示されなければならない。
〔侵入、捜索及び押収の制約〕

第三十五条　何人も、その住居、書類及び所持品について、侵入、捜索及び押収を受けることのない権利は、第三十三条の場合を除いては、正当な理由に基いて発せられ、且つ捜索する場所及び押収する物を明示する令状がなければ、侵されない。

2　捜索又は押収は、権限を有する司法官憲が発する各別の令状により、これを行ふ。

〔拷問及び残虐な刑罰の禁止〕

第三十六条　公務員による拷問及び残虐な刑罰は、絶対にこれを禁ずる。

〔刑事被告人の権利〕

第三十七条　すべて刑事事件においては、被告人は、公平な裁判所の迅速な公開裁判を受ける権利を有する。

2　刑事被告人は、すべての証人に対して審問する機会を充分に与へられ、又、公費で自己のために強制的手続により証人を求める権利を有する。

3　刑事被告人は、いかなる場合にも、資格を有する弁護人を依頼することができる。被告人が自らこれを依頼することができないときは、国でこれを附する。

〔自白強要の禁止と自白の証拠能力の限界〕

第三十八条　何人も、自己に不利益な供述を強要されない。

2　強制、拷問若しくは脅迫による自白又は不当に長く抑留若しくは拘禁された後の自白は、これを証拠とすることができない。

3　何人も、自己に不利益な唯一の証拠が本人の自白である場合には、有罪とされ、又は刑罰を科せられない。

〔遡及処罰、二重処罰等の禁止〕

第三十九条　何人も、実行の時に適法であった行為又は既に無罪とされた行為については、刑事上の責任を問はれない。又、同一の犯罪について、重ねて刑事上の責任を問はれない。

〔刑事補償〕

第四十条　何人も、抑留又は拘禁された後、無罪の裁判を受けたときは、法律の定めるところにより、国にその補償を求めることができる。

第四章　国会

〔国会の地位〕

第四十一条　国会は、国権の最高機関であって、国の唯一の立法機関である。

〔二院制〕

第四十二条　国会は、衆議院及び参議院の両議院でこれを構成する。

〔両議院の組織〕

第四十三条　両議院は、全国民を代表する選挙された議員でこれを組織する。

2　両議院の議員の定数は、法律でこれを定める。

〔議員及び選挙人の資格〕

第四十四条　両議院の議員及びその選挙人の資格は、法律でこれを定める。但し、人種、信条、性別、社会的身分、門地、教育、財産又は収入によって差別してはならない。

〔衆議院議員の任期〕

第四十五条　衆議院議員の任期は、四年とする。但し、衆議院解散の場合には、その期間満了前に終了する。

〔参議院議員の任期〕

第四十六条　参議院議員の任期は、六年とし、三年ごとに議員の半数を改選する。

〔議員の選挙〕

第四十七条　選挙区、投票の方法その他両議院の議員の選挙に関する事項は、法律でこれを定める。

〔両議院議員相互兼職の禁止〕

第四十八条　何人も、同時に両議院の議員たることはできない。

〔議員の歳費〕

第四十九条　両議院の議員は、法律の定めるところにより、国庫から相当額の歳費を受ける。

〔議員の不逮捕特権〕

第五十条　両議院の議員は、法律の定める場合を除いては、国会の会期中逮捕されず、会期前に逮捕された議員は、その議院の要求があれば、会期中これを釈放しなければならない。

〔議員の発言表決の無答責〕

第五十一条　両議院の議員は、議院で行った演説、討論又は表決について、院外で責任を問はれない。

〔常会〕

第五十二条　国会の常会は、毎年一回これを召集する。

〔臨時会〕

第五十三条　内閣は、国会の臨時会の召集を決定することができる。いづれかの議院の総議員の四分の一以上の要求があれば、内閣は、その召集を決定しなければならない。

〔総選挙、特別会及び緊急集会〕

第五十四条　衆議院が解散されたときは、解散の日から四十日以内に、衆議院議員の総選挙を行ひ、その選挙の日から三十日以内に、国会を召集しなければならない。

2　衆議院が解散されたときは、参議院は、同時に閉会となる。但し、内閣は、国に緊急の必要があるときは、参議院の緊急集会を求めることができる。

3　前項但書の緊急集会において採られた措置は、臨時のものであって、次の国会開会の後十日以内に、衆議院の同意がない場合には、その効力を失ふ。

〔資格争訟〕

第五十五条　両議院は、各々その議員の資格に関する争訟を裁判する。但し、議員の議席を失はせるには、出席議員の三分の二以上の多数による議決を必要とする。

〔議事の定足数と過半数議決〕

第五十六条　両議院は、各々その総議員の三分の一以上の出席がなければ、議事を開き議決することができない。
2　両議院の議事は、この憲法に特別の定のある場合を除いては、出席議員の過半数でこれを決し、可否同数のときは、議長の決するところによる。
〔会議の公開と会議録〕
第五十七条　両議院の会議は、公開とする。但し、出席議員の三分の二以上の多数で議決したときは、秘密会を開くことができる。
2　両議院は、各々その会議の記録を保存し、秘密会の記録の中で特に秘密を要すると認められるもの以外は、これを公表し、且つ一般に頒布しなければならない。
3　出席議員の五分の一以上の要求があれば、各議員の表決は、これを会議録に記載しなければならない。
〔役員の選任及び議院の自律権〕
第五十八条　両議院は、各々その議長その他の役員を選任する。
2　両議院は、各々その会議その他の手続及び内部の規律に関する規則を定め、又、院内の秩序をみだした議員を懲罰することができる。但し、議員を除名するには、出席議員の三分の二以上の多数による議決を必要とする。
〔法律の成立〕
第五十九条　法律案は、この憲法に特別の定のある場合を除いては、両議院で可決したとき法律となる。

2　衆議院で可決し、参議院でこれと異なった議決をした法律案は、衆議院で出席議員の三分の二以上の多数で再び可決したときは、法律となる。

3　前項の規定は、法律の定めるところにより、衆議院が、両議院の協議会を開くことを求めることを妨げない。

4　参議院が、衆議院の可決した法律案を受け取った後、国会休会中の期間を除いて六十日以内に、議決しないときは、衆議院は、参議院がその法律案を否決したものとみなすことができる。

〔衆議院の予算先議権及び予算の議決〕

第六十条　予算は、さきに衆議院に提出しなければならない。

2　予算について、参議院で衆議院と異なった議決をした場合に、法律の定めるところにより、両議院の協議会を開いても意見が一致しないとき、又は参議院が、衆議院の可決した予算を受け取った後、国会休会中の期間を除いて三十日以内に、議決しないときは、衆議院の議決を国会の議決とする。

〔条約締結の承認〕

第六十一条　条約の締結に必要な国会の承認については、前条第二項の規定を準用する。

〔議院の国政調査権〕

第六十二条　両議院は、各々国政に関する調査を行ひ、これに関して、証人の出頭及び証言並びに記録の提出を要求することができる。

〔国務大臣の出席〕

第六十三条　内閣総理大臣その他の国務大臣は、両議院の一に議席を有すると有しないとにかかはらず、何時でも議案について発言するため議院に出席することができる。又、答弁又は説明のため出席を求められたときは、出席しなければならない。

〔弾劾裁判所〕

第六十四条　国会は、罷免の訴追を受けた裁判官を裁判するため、両議院の議員で組織する弾劾裁判所を設ける。

2　弾劾に関する事項は、法律でこれを定める。

第五章　内閣

〔行政権の帰属〕

第六十五条　行政権は、内閣に属する。

〔内閣の組織と責任〕

第六十六条　内閣は、法律の定めるところにより、その首長たる内閣総理大臣及びその他の国務大臣でこれを組織する。

2　内閣総理大臣その他の国務大臣は、文民でなければならない。

3　内閣は、行政権の行使について、国会に対し連帯して責任を負ふ。

〔内閣総理大臣の指名〕

第六十七条　内閣総理大臣は、国会議員の中から国会の議決で、これを指名する。この指名は、他のすべての案件に先だって、これを行ふ。

2　衆議院と参議院とが異なった指名の議決をした場合に、法律の定めるところにより、両議院の協議会を開いても意見が一致しないとき、又は衆議院が指名の議決をした後、国会休会中の期間を除いて十日以内に、参議院が、指名の議決をしないときは、衆議院の議決を国会の議決とする。

〔国務大臣の任免〕

第六十八条　内閣総理大臣は、国務大臣を任命する。但し、その過半数は、国会議員の中から選ばれなければならない。

2　内閣総理大臣は、任意に国務大臣を罷免することができる。

〔不信任決議と解散又は総辞職〕

第六十九条　内閣は、衆議院で不信任の決議案を可決し、又は信任の決議案を否決したときは、十日以内に衆議院が解散されない限り、総辞職をしなければならない。

〔内閣総理大臣の欠缺又は総選挙施行による総辞職〕

第七十条　内閣総理大臣が欠けたとき、又は衆議院議員総選挙の後に初めて国会の召集があったときは、内閣は、総辞職をしなければならない。

〔総辞職後の職務続行〕

第七十一条　前二条の場合には、内閣は、あらたに内閣総理大臣が任命されるまで引き続きその職務を行ふ。

〔内閣総理大臣の職務権限〕

第七十二条　内閣総理大臣は、内閣を代表して議案を国会に提出し、一般国務及び外交関係について国会に報告し、並びに行政各部を指揮監督する。

〔内閣の職務権限〕

第七十三条　内閣は、他の一般行政事務の外、左の事務を行ふ。

一　法律を誠実に執行し、国務を総理すること。

二　外交関係を処理すること。

三　条約を締結すること。但し、事前に、時宜によつては事後に、国会の承認を経ることを必要とする。

四　法律の定める基準に従ひ、官吏に関する事務を掌理すること。

五　予算を作成して国会に提出すること。

六　この憲法及び法律の規定を実施するために、政令を制定すること。但し、政令には、特にその法律の委任がある場合を除いては、罰則を設けることができない。

七　大赦、特赦、減刑、刑の執行の免除及び復権を決定すること。

〔法律及び政令への署名と連署〕

第七十四条　法律及び政令には、すべて主任の国務大臣が署名し、内閣総理大臣が連署することを必要とする。

〔国務大臣訴追の制約〕

第七十五条　国務大臣は、その在任中、内閣総理大臣の同意がなければ、訴追されない。但し、これがため、訴追の権利は、害されない。

第六章　司法

〔司法権の機関と裁判官の職務上の独立〕

第七十六条　すべて司法権は、最高裁判所及び法律の定めるところにより設置する下級裁判所に属する。

2　特別裁判所は、これを設置することができない。行政機関は、終審として裁判を行ふことができない。

3　すべて裁判官は、その良心に従ひ独立してその職権を行ひ、この憲法及び法律にのみ拘束される。

〔最高裁判所の規則制定権〕

第七十七条　最高裁判所は、訴訟に関する手続、弁護士、裁判所の内部規律及び司法事務処理に関する事項について、規則を定める権限を有する。

2　検察官は、最高裁判所の定める規則に従はなければならない。
3　最高裁判所は、下級裁判所に関する規則を定める権限を、下級裁判所に委任することができる。

〔裁判官の身分の保障〕
第七十八条　裁判官は、裁判により、心身の故障のために職務を執ることができないと決定された場合を除いては、公の弾劾によらなければ罷免されない。裁判官の懲戒処分は、行政機関がこれを行ふことはできない。

〔最高裁判所の構成及び裁判官任命の国民審査〕
第七十九条　最高裁判所は、その長たる裁判官及び法律の定める員数のその他の裁判官でこれを構成し、その長たる裁判官以外の裁判官は、内閣でこれを任命する。
2　最高裁判所の裁判官の任命は、その任命後初めて行はれる衆議院議員総選挙の際国民の審査に付し、その後十年を経過した後初めて行はれる衆議院議員総選挙の際更に審査に付し、その後も同様とする。
3　前項の場合において、投票者の多数が裁判官の罷免を可とするときは、その裁判官は、罷免される。
4　審査に関する事項は、法律でこれを定める。
5　最高裁判所の裁判官は、法律の定める年齢に達した時に退官する。
6　最高裁判所の裁判官は、すべて定期に相当額の報酬を受ける。この報酬は、在任中、これを減額することができない。

〔下級裁判所の裁判官〕

第八十条　下級裁判所の裁判官は、最高裁判所の指名した者の名簿によつて、内閣でこれを任命する。その裁判官は、任期を十年とし、再任されることができる。但し、法律の定める年齢に達した時には退官する。

2　下級裁判所の裁判官は、すべて定期に相当額の報酬を受ける。この報酬は、在任中、これを減額することができない。

〔最高裁判所の法令審査権〕

第八十一条　最高裁判所は、一切の法律、命令、規則又は処分が憲法に適合するかしないかを決定する権限を有する終審裁判所である。

〔対審及び判決の公開〕

第八十二条　裁判の対審及び判決は、公開法廷でこれを行ふ。

2　裁判所が、裁判官の全員一致で、公の秩序又は善良の風俗を害する虞があると決した場合には、対審は、公開しないでこれを行ふことができる。但し、政治犯罪、出版に関する犯罪又はこの憲法第三章で保障する国民の権利が問題となつてゐる事件の対審は、常にこれを公開しなければならない。

第七章　財政

〔財政処理の要件〕

第八十三条　国の財政を処理する権限は、国会の議決に基いて、これを行使しなければならない。

〔課税の要件〕

第八十四条　あらたに租税を課し、又は現行の租税を変更するには、法律又は法律の定める条件によることを必要とする。

〔国費支出及び債務負担の要件〕

第八十五条　国費を支出し、又は国が債務を負担するには、国会の議決に基くことを必要とする。

〔予算の作成〕

第八十六条　内閣は、毎会計年度の予算を作成し、国会に提出して、その審議を受け議決を経なければならない。

〔予備費〕

第八十七条　予見し難い予算の不足に充てるため、国会の議決に基いて予備費を設け、内閣の責任でこれを支出することができる。

2　すべて予備費の支出については、内閣は、事後に国会の承諾を得なければならない。

〔皇室財産及び皇室費用〕

第八十八条　すべて皇室財産は、国に属する。すべて皇室の費用は、予算に計上して国会の議決を経なければならない。

〔公の財産の用途制限〕

第八十九条　公金その他の公の財産は、宗教上の組織若しくは団体の使用、便益若しくは維持のため、又は公の支配に属しない慈善、教育若しくは博愛の事業に対し、これを支出し、又はその利用に供してはならない。

〔会計検査〕

第九十条　国の収入支出の決算は、すべて毎年会計検査院がこれを検査し、内閣は、次の年度に、その検査報告とともに、これを国会に提出しなければならない。

2　会計検査院の組織及び権限は、法律でこれを定める。

〔財政状況の報告〕

第九十一条　内閣は、国会及び国民に対し、定期に、少くとも毎年一回、国の財政状況について報告しなければならない。

第八章　地方自治

〔地方自治の本旨の確保〕

第九十二条　地方公共団体の組織及び運営に関する事項は、地方自治の本旨に基いて、法律でこれを定める。

〔地方公共団体の機関〕

第九十三条　地方公共団体には、法律の定めるところにより、その議事機関として議会を設置する。

2　地方公共団体の長、その議会の議員及び法律の定めるその他の吏員は、その地方公共団体の住民が、直接これを選挙する。

〔地方公共団体の権能〕

第九十四条　地方公共団体は、その財産を管理し、事務を処理し、及び行政を執行する権能を有し、法律の範囲内で条例を制定することができる。

〔一の地方公共団体のみに適用される特別法〕

第九十五条　一の地方公共団体のみに適用される特別法は、法律の定めるところにより、その地方公共団体の住民の投票においてその過半数の同意を得なければ、国会は、これを制定することができない。

第九章　改正

〔憲法改正の発議、国民投票及び公布〕

第九十六条　この憲法の改正は、各議院の総議員の三分の二以上の賛成で、国会が、これを発議し、国民に提案してその承認を経なければならない。この承認には、特別の国民投票又は国会の定める選挙の際行はれる投票において、その過半数の賛成を必要とする。
2　憲法改正について前項の承認を経たときは、天皇は、国民の名で、この憲法と一体を成すものとして、直ちにこれを公布する。

第十章　最高法規

〔基本的人権の由来特質〕
第九十七条　この憲法が日本国民に保障する基本的人権は、人類の多年にわたる自由獲得の努力の成果であって、これらの権利は、過去幾多の試錬に堪へ、現在及び将来の国民に対し、侵すことのできない永久の権利として信託されたものである。
〔憲法の最高性と条約及び国際法規の遵守〕
第九十八条　この憲法は、国の最高法規であって、その条規に反する法律、命令、詔勅及び国務に関するその他の行為の全部又は一部は、その効力を有しない。
2　日本国が締結した条約及び確立された国際法規は、これを誠実に遵守することを必要とする。
〔憲法尊重擁護の義務〕
第九十九条　天皇又は摂政及び国務大臣、国会議員、裁判官その他の公務員は、この憲法を尊重し擁護する義務を負ふ。

第十一章　補則

〔施行期日と施行前の準備行為〕

第百条　この憲法は、公布の日から起算して六箇月を経過した日から、これを施行する。

2　この憲法を施行するために必要な法律の制定、参議院議員の選挙及び国会召集の手続並びにこの憲法を施行するために必要な準備手続は、前項の期日よりも前に、これを行ふことができる。

〔参議院成立前の国会〕

第百一条　この憲法施行の際、参議院がまだ成立してゐないときは、その成立するまでの間、衆議院は、国会としての権限を行ふ。

〔参議院議員の任期の経過的特例〕

第百二条　この憲法による第一期の参議院議員のうち、その半数の者の任期は、これを三年とする。その議員は、法律の定めるところにより、これを定める。

〔公務員の地位に関する経過規定〕

第百三条　この憲法施行の際現に在職する国務大臣、衆議院議員及び裁判官並びにその他の公務員で、その地位に相応する地位がこの憲法で認められてゐる者は、法律で特別の定をした場合を除いては、この憲法施行のため、当然にはその地位を失ふことはない。但し、この憲法によって、後任者が選挙又は任命されたときは、当然その地位を失ふ。

おわりに

憲法の「最高法規性」とは、これまで縷々述べてきましたように、「法令統制規範」と「国務統制規範」から成り立っているものであります。そしてまた、憲法は「実定法」である点においては、憲法以外の法規である、法律、政令、省令等とは何ら変わりはないのですから、実定法として有する「強要性」及び「実効性」を有するものでなければならないのです。従って、憲法の法文、つまり、条文に単なる「理想ないしは理念」を記載するものであってはならないのです。さらに、また、「法規」である以上、各条文は、その意味は明快であり、その規定内容は「合理性」を有するものでなければならないのです。ここで、条文の規定内容の「合理性」とは、法規が規律し、規制する対象（国家、社会の実態）に相応して、これを適正に、合理的に規制する「条文の規定内容」であることが求められるわけであります。

このようにして、実定法、実定法規とは必然的に変遷して止まない国家及び社会の実態を規律するものである以上は、常に「改正」があることは避けられないものであります。従って、実定法である憲法もまた、その本質的特性として、「改正」は避けられないものであるはずなのであります。

ところが、現行日本国憲法にあっては、七十年余の昔に制定されたものであり、それ以後一度も改正されることなく今日に至っているのであって、このことは、しばしば述べてきましたように、日本国憲法の「規律、規制すべき対象」であるところの、変遷して止まない「国家社会の現実ないしは実態」からは憲法自身が乖離してしまう事態は避けられないものであり、これまで、本稿においてそのような現実乖離の憲法の条文規定を数多く指摘してきたところであります。

さらに具体的なことを言えば、最近の例として、「国と地方公共団体との事務配分又は機能分担」ということがしばしば問題にされてきたことから、平成七年に制定された「地方分権推進法（平成七年法律第九十六号）」や「地方分権の推進を図るための関係法律の整備等に関する法律（平成十一年法律第八十七号）」により、地方自治法が改正されて、次の一箇条が追加されることになりました。

第一条の二　地方公共団体は、住民の福祉の増進を図ることを基本として、地域における行政を自主的かつ総合的に実施する役割をひろく担うものとする。

国は、前項の規定の趣旨を達成するため、国においては国際社会における国家としての存立にかかわる事務、全国的に統一して定めることが望ましい国民の諸活動若しくは地方自治に関する基本的な準則に関する事務又は全国的な規模で若しくは全国的な視点に立って行わなければならない施策及び事業の実施、その他の国が本来果たすべき役割を重点的に担い、住民に身近な行政はできる限り地方公共団体にゆだねることを基本として、地方公共団体との間で適切に役割を分担するとともに、地方公共団体に関する制度の策定及び施策の実施に当たって、地方

公共団体の自主性及び自立性が発揮されるようにしなければならない。

この地方自治法第一条の二に定められている事柄は、本来、「憲法第八章地方自治」の章に規定されるべき性質の規定内容であります。つまり、紛れもなく憲法に定めるべき事項なのでありますが、しかしながら、このような「国と地方公共団体の在り方、相互関係、役割分担」等々の事柄を正面から憲法的事項として検討することとなりますと、当然の成り行きとして、憲法改正の必要性の議論に立ち入らなければならないことになり、そうなれば「纏まるものも纏まらない」ことは必然であり、それを回避するため、これらの憲法的重要事項は専ら「地方自治法」の改正事項の中に閉じ込めてしまい、日本国憲法は全く「与り知らぬ」ものとして、憲法は「祭り上げられた」のか、又は「蚊帳の外」に置かれてしまっているのです。

このように、「地方自治」に関しては専ら「地方自治法」が「日本国憲法」に代替する存在になっており、このことは、地方自治制度に関する限りでは、「地方自治法」が実質的には「憲法」の座にある、あるいは「準憲法」たる存在と言っても過言ではないのです。

かくして、「日本国憲法」は、形式的効力においては劣位にある「一介の法律」に過ぎない「地方自治法（昭和二十二年法律第六十七号）」に対しては、「最高法規」としての「法令統制規範」の「法令統制機能」がほとんど機能しなくなっているのです。

この一例でも分かりますように、これまで繰り返し述べてきた通り、最早、憲法の「最高法規性」は相当な部分において機能不全に陥っていることは歴然とした事実であり、我々はこのような事態を深刻に認識すべきなのです。

元参議院法制局参事・第三部長、元拓殖大学地方政治行政研究科大学院教授

髙久泰文

参考文献及び参考資料一覧

芦部信喜・小島和司・田口精一『憲法の基礎知識』有斐閣、昭和四十一年
阿部照哉・畑博行編『世界の憲法集』（第四版）有信堂高文社、平成二十一年
井出成三『困った憲法・困った解釈』時事新書、時事通信社、昭和四十五年
上田章・浅野一郎『憲法』ぎょうせい、昭和五十三年
大原康男・百地章、日本会議新憲法研究会編『新憲法のすすめ』明成社、平成十三年
小田村四郎・大原康男編『こんな憲法にいつまで我慢できますか』明成社、平成十五年
小林直樹編・ジュリスト増刊『憲法の判例』（第三版）有斐閣、昭和五十二年
小島和司編・ジュリスト増刊『憲法の争点』有斐閣、昭和四十六年
佐藤幸治、現代法律学講座『憲法』（第三版第九刷）青林書院、平成十一年
ジュリスト『憲法判例百選』（初版より第五版まで）有斐閣、昭和三十八年〜平成十九年
自由民主党政務調査会憲法調査会編『帝国憲法改正諸案及び関係文書・政府側草案と関係文書』
自由民主党政務調査会憲法調査会、昭和五十五年
竹内重年『憲法講話』信山社出版、平成七年
竹内重年『憲法の視点と論点』信山社出版、平成十二年

豊島典雄『日本国憲法の批判的研究』共栄書房、平成五年
西修『日本国憲法はこうして生まれた』中公文庫、中央公論新社、平成十二年
法学協会『註解日本国憲法（上・下）』有斐閣、平成七年
宮沢俊義著・芦部信喜補訂『全訂日本国憲法』日本評論社、昭和五十三年
樋口陽一・野中俊彦編『憲法の基本判例』（第二版）有斐閣、平成八年
吉國一郎共編『法令用語辞典』第九次改訂版、学陽書房、平成二十一年
「特集・日本国憲法を考える時が来た」『ＴＨＩＳ ＩＳ 読売』読売新聞社、平成六年十二月号
読売新聞「憲法改正第二次試案」、平成十二年五月三日付
読売新聞「憲法改正二〇〇四年試案」、平成十六年五月三日付
創憲会議編『新憲法草案』一藝社、平成十八年
産経新聞社『国民の憲法』産経新聞出版、平成二十五年
自由民主党憲法改正推進本部『日本国憲法改正草案Ｑ＆Ａ 増補版』平成二十五年
市町村要覧編集委員会編『全国市町村要覧平成二十八年版』第一法規、平成二十八年

追　記

本稿の書名中に「昭和憲法」としましたのは、かつての「大日本帝国憲法」は明治時代に制定されたこともあって、「明治憲法」と言う呼称が一般的でありましたが、その故知に倣って、「日本国憲法」と言う公式の名称の代わりに、昭和の御代に制定されたことから、さらに、また、遠い将来においても制定されるであろう幾多の憲法も、我が日本国が存在する限り、それらの憲法は「日本国憲法」と言う呼称であろうから、それらとの区別を明確にする意味をも込めて、「昭和憲法」と名付けました。

なお、今回の憲法改正は、何ら新しいものを創設し、規定するものではなく、すべて、法律以下の法規範によって既に措置されている我が国家及び社会の実態を規律する規範を憲法上に確認するにすぎないものであり、従って、今回、「憲法改正」がなされるとするならば、その「憲法改正」は、端的に表現するならば、「現実乖離憲法（現行日本国憲法）から現実追認憲法（新日本国憲法）へ」と言うことになるのではないでしょうか。

著者略歴
高久 泰文（たかく・やすぶみ）

昭和16年（1941年）7月2日　茨城県結城郡下館町（現在筑西市）に生まれる
昭和35年3月　茨城県立水戸第一高等学校卒業
昭和42年3月　東京大学法学部卒業
4月　参議院法制局に奉職。同院常任委員会（内閣委員会及び法務委員会）の調査員を務める
平成7年6月　参議院法制局法制主幹を拝命
平成8年7月　参議院法制局法制第三部長を拝命
平成12年12月末　参議院法制局を退官
平成13年4月　拓殖大学政経学部教授
平成21年4月　同大学地方政治行政研究科大学院教授
平成25年3月末　拓殖大学を定年退職

昭和《しょうわ》「憲法《けんぽう》」の綻《ほころ》び

2019年12月18日　初版印刷
2020年1月15日　初版発行

著　者　高《たか》久《く》泰《やす》文《ぶみ》
制作・発売　中央公論事業出版
〒101-0051　東京都千代田区神田神保町1−10−1
電話　03-5244-5723
URL　http://www.chukoji.co.jp/

印刷・製本／藤原印刷

Printed in Japan
ISBN978-4-89514-503-9　C0032
◎定価はカバーに示してあります。
◎落丁本・乱丁本はお手数ですが小社宛お送りください。
送料小社負担にてお取り替えいたします。